GET DREAM《ゲットドリーム》
佐々木朗希×奥川恭伸

手束 仁
Jin Tezuka

青志社

はじめに

時代が平成から令和になった高校野球で、新たに「令和の怪物」と称されるスター選手が登場した。それはしかも、かつては野球不毛の地とまで言われていた東北は岩手県と北陸は石川県からだった。岩手県の大船渡高校の佐々木朗希《ささきろうき》と石川県の星稜高校の奥《おく》川恭伸《がわやすのぶ》である。

佐々木は、過去甲子園にもあまり出場していない岩手県の公立高校出身ながら、U―18日本代表候補に選出された。それだけでも、その素材力への評価の高さがわかるのだが、春に行われた、代表候補合宿の練習で最速163キロをマークした。このことで一気に時の人となっていった。しかも、実戦練習となって、並み居る代表候補のスラッガーを向こうに回して6者連続三振。

「これは、高校生では打てんだろう」

視察に訪れていたスカウト連中を唸らせ虜にした。高校生としては、歴代最速の数字である。

これに対して奥川の方は、2年生から甲子園に姿を現しており、全国レベルでどのくらい通用するのか、ある程度は見込まれているところもあった。ところが、それが一冬超えると、並みの高校生の好投手ではないレベルにまで成長していた。そのことでまた、スカウト連中も注目した。

「今年の高校生投手では、一番完成度が高い」

「プロでも即、通用するくらいだ」

過去のスター選手になぞらえてみれば、佐々木はダルビッシュ有に、奥川は田中将大に最もタイプが似ていると言われている。いずれも、日本球界で結果を残して、その実績を踏まえて海を渡りメジャーリーグで活躍しているインターナショナルレベルのスーパースターである。

そうした選手たちに匹敵すると言われている二人である。間違いなく、将来の野球界を背負っていくであろう逸材だ。そんな、二つの金の卵――。

夢を摑《つか》んでほしい。今、野球関係者は、この若い二人に夢を託している。彼らが夢を摑んでいってくれることで、それを見守って応援していく野球ファンの夢も実現することになるのだ。

高校球界に、キラリと輝いた二つの大きなキラ星。そんな二人の高校時代のこれまでの歩みと今と未来。本書はそんな彼らが伝えてくれる「夢」と「運」と「突破力」のメッセージである。

令和元年　10月

手束　仁

目次

装丁・本文デザイン　岩瀬 聡

序章

プロ野球ドラフトの「夢」と「運」と「縁」

「運」と「縁」を呼び寄せる

どれだけ能力があろうとも、自分の力だけではどうにもならないことがある。それが、その人に訪れる「運」と、人にとっての出会いとなる「縁」である。もっとも、「運」は自分で拓《ひら》くものであり、「縁」は自分で作っていくものだという考え方もある。

とはいうものの、やはり自分の力だけではどうにもならない力というものもある。だからこそ、人生は面白いのだとも言える。どんな人間にも一様に運と縁はあるものだ。ただ、それがどのタイミングでどういう形でもたらされるのか。それこそが、その人間にとっての宿命《さだめ》でもあるのだ。

人には、成長していくうえで、いくつかの人生の転機がある。

進学、就職、結婚などはその最たるものであろう。中でも就職は、その人間の人生の方向性や生き方をある程度決定づけていくことさえあるのだ。それは、若者が大人になっていくうえでも、避けられないことでもある。

野球を職業として生きていこうと思っている高校生にとって、その転機となるのがプロ野球ドラフト会議（プロ野球新人選択会議）である。

しかも、有望選手であればあるほど、自分の所属することになるチームが、自身の希望ではなく「抽選」という形で決められることが多い。それは、クジを引き当てた球団と、その選手とが「縁」があったということにもなる。また、引き当てた球団には「運」があったということが言えるのだ。さらには、選手もその球団を心密かに希望していたのであれば、それこそ「縁」と「運」が結びついたということになるのだ。

そんなドラマもあることが、ドラフトの面白さでもあるのだ。

誰にも少なからず「運」と「縁」が、その人間の生き方に何かしらの影響を与えていくことがしばしばある。それは、自分の力でどうにかなるものではないのである。まさに宿命のように、あるいは何かに引き寄せられたかのように、人と出会い、その影響で人生に大きく影響を受けていくことがある。

令和元年となった年の最初のドラフト会議。高校生と大学生で２４６人が、新たな進路としてプロ野球を希望するという意思表示をしていた。その内、高校生は１３９人だった。もちろん全員が指名されるわけではない。けれど、まずは一歩を踏み出した決断ということである。「自分は、野球を職業としていきたい」ということを世間に示して、その能力があるのかどうかを世に問うということなのである。もちろん、それはその自信があるからこその意思表示ということである。

そして、その高校生の中では、この夏の甲子園のヒーロー星稜高校の奥川恭伸（身長184㎝体重82㎏／右投右打）と、令和の怪物と称せられた大船渡高校の佐々木朗希（身長190㎝体重85㎏／右投右打）の2人が、ことのほかスポットを浴びていたのである。この2人をめぐるドラフトがどう進んでいくのか、興味深いものがあった。

奥川は田中将大、佐々木はダルビッシュになれるか

ドラフトではよく、当事者となる選手が、過去の選手の中で誰に似ているのかということを擦り合わせて見ていくことが多い。

奥川恭伸がよく例えられるのが田中将大だ。その田中将大の時代はどんなドラフトだったのか見てみよう。

田中は2006（平成18）年のドラフトで楽天に指名されて入団することになるのだが、この年は前年から導入された制度で、高校と大学・社会人との分離ドラフトとなっ

ていた。高校生ドラフトは大学・社会人に先んじて9月25日に行われており、その年は投の怪物として駒大苫小牧の田中将大、打の怪物として愛工大名電の堂上直倫《どのうえなおみち》が高校生としての二大目玉とされていた。

他に注目選手としては早稲田実の「ハンカチ王子」こと斎藤佑樹がいたのだが、早稲田大進学を打ち出しており、プロ野球志望届を提出していなかった。主な顔ぶれとしてはPL学園の前田健太（広島1巡→MLBドジャース）、光星学院（現八戸学院光星）の坂本勇人（巨人1巡）、八重山商工の大嶺祐太（ロッテ1巡）らがいて高校生は比較的豊作ドラフトと言われていた。さらには福田秀平（多摩大聖ヶ丘→ソフトバンク1巡）、梶谷隆幸（開星→横浜＝現DeNA3巡）、会澤翼（水戸短大付→広島3巡）など、現在のプロ野球で活躍する選手が目白押しだった。

結局、田中には楽天はじめ横浜（現DeNA）、オリックス、日本ハムの4球団が1巡目入札で競合していた。抽選の結果、楽天が交渉権を獲得したのだが、すんなりと入団して1年目から活躍。4月のソフトバンク戦で初勝利し、6月の交流戦で中日との試合で初完封も記録。28試合に登板して11勝をマークして新人王にも輝いている。その翌年は9勝7敗となるが、以降は毎年二桁勝利を記録している。打たれても負け投手にならず、チームが逆転した試合では当時の野村克也監督をして、「マー君、神の子、不思議な子」と持ち上げられていた。

そして、星野仙一監督となった11年には27試合に登板。自身最多となる19勝5敗で最多勝のタイトルも獲得している。さらに圧巻は、13年でシーズン通して負けなしの24勝でチーム初優勝にも貢献している。日本シリーズでも星野監督を日本一にする胴上げ投手となっている。まさに、自分との縁のあった球団を初の日本一に導いた。そこには、21世紀になって誕生した楽天という新たな球団にいたという運もあったのだ。

こうして、押しも押されぬ日本を代表する投手としての実績を引っさげて翌年メジャーに進出した。メジャーリーグではヤンキースに所属して1年目から13勝と期待に応え、以降も期待通りの活躍を続けている。

高校時代の実績を掲げて、その実績以上と言ってもいい活躍をプロで示したのは、やはり優れた素材力があったからだとも言えよう。

一方、佐々木朗希がタイプとして最も似ているとされているのが、やはり長身投手でスラリとしたスタイルだったダルビッシュ有だ。ダルビッシュは東北高校2年の時、2003（平成15）年夏に甲子園で準優勝を果たしている。当時のダルビッシュは194

cmから投げ下ろすストレートはもちろんのこと、大きく落ちるフォークやシンカーといった変化球も多彩な投手だった。3回戦では平安（現龍谷大平安）の服部大輔と投げ合い、お互いが三振の奪い合いで9回までで両チーム合わせて30個という奪三振ショーとなり、これは大会記録となっている。

翌年も東北はダルビッシュをエースとして甲子園に姿を現すが、この頃ダルビッシュはいわゆる成長痛に悩まされており、踏み出しの際に膝などに衝撃を受けていたのか、もう一つ本調子になりきれなかったところもあったようだ。それでも、東北は2試合完封で勝ち進み3回戦で千葉経済大附に延長10回で敗れている。

この年のドラフトも今とは制度が違っており、自由獲得枠制度があり、大学と社会人の有力選手はこの枠でドラフト前に確定しているというケースが多くなっていた。自由獲得をしなかった球団が、高校生を1巡目指名入札出来るというシステムとなっていた。

この年は、8球団が自由獲得枠で大学社会人の有望選手を獲得していた。また、栄養費問題（プロ野球団側が入団前のアマチュア選手に栄養費の支給を建前として金銭を渡していた問題）などの金銭授受で大揺れに揺れた年でもあり、その動向は多少の色眼鏡で見られることもあった。そんな中で、高校生は重複指名となったところが一つもなく、ダルビッシュは日本ハムが単独指名で一本釣りという結果になった。

結局、この年も前年に引き続いて抽選箱が使用されることのないドラフトとなったのだった。そういう意味では、ドラフトのドラマ性という面白さは今よりは少なかったとも言える。ちなみに、ダルビッシュとの同期としては横浜の涌井秀章（現ロッテ）を西武が指名している。他には高校生では秋田商の佐藤剛士を広島が、宇治山田商の江川智晃をダイエー（現ソフトバンク）が1巡目指名していた。

1年目のダルビッシュは入団を決めてすぐの自主トレで痛めた膝の関節痛の影響で出遅れたものの、シーズン後半にはしっかりと登場して14試合に登板して5勝5敗。高校を出たばかりの新人投手としてはまずまずの実績を残した。もちろん、本人は「こんなものではない」という思いもあったようだが、2年目には25試合で12勝5敗。リーグ優勝にも貢献している。そして、11年までの6年間、毎年二桁勝利を記録して、期待にたがわぬ成績を残してFA宣言してメジャー進出。

メジャーでもテキサスレンジャーズで1年目から16勝9敗という成績を残した。間で故障による戦線離脱で1年間のブランクもあったものの、日本を代表するメジャーリーガーの一人としての活躍は十分に果たしている。

こうして、奥川と佐々木が例えられている偉大なる先達の活躍に擦り合わせて見てみると、二人の将来的な活躍は暗示的ではないかという気はするのだ。

令和元年のプロ野球ドラフト事情から見えたもの

ドラフト会議を2週間あまり後に控えた10月初旬、この年の最大目玉とも言われている大船渡高校の163キロ右腕の佐々木朗希は市内会場で記者会見を開いた。80人近い報道陣が集まり、17歳の高校生に無数のフラッシュが浴びせられた。

佐々木自身は、春先から「国内でプロを目指したい」ということは明言していた。だから、メジャーリーグのスカウトからも注目されてもいたが、その心はぶれることはなかった。もっと言えば、「1年生の冬からプロを考えていた」と言うから、その信念は確かなものだったともいえよう。そしてそんな佐々木だからこそ、その身を預かることになった国保陽平監督も、その育成にはより神経を使い慎重になっていたのだ。

10月に入って、周囲の動きも慌ただしくなってきていた。

2日に大船渡高校が佐々木朗希の記者会見を行い、改めてプロ志望を明解に表明した。

その内容としては、「12球団どこでも頑張りたいと思います」というもので、特定した球団を匂わせるものは一切なかった。「レベルの高いところでプレーしたいと思って（プロ志望届を）提出しました」と、その思いを述べた。さらには、「子どもたちに夢や希望を与えられる選手になりたい」という抱負も語っていた。

それを受けて、すぐに各球団は動き出している。

ヤクルトやロッテなどは翌日すぐに面談を希望していた。そして、10日までに11球団が、佐々木に対してそれぞれに面談を申し入れて挨拶していった。やはり、令和最初のドラフトの最大の目玉といっていい状況であった。

これに対して、いち早く1位指名を打ち出していた日本ハムは、大渕隆スカウト部長が、あえて改めて面談は希望しないということを宣言した。つまり、それだけ球団としては事前にしっかりと情報を把握していますということであろう。

日本ハムのドラフト戦略としては、17年の清宮幸太郎の指名、遡れば12年のドラフトでは、日本プロ野球に対して「高校からメジャー進出」宣言をしていた大谷翔平に対して、敢然と指名。投打の二刀流として育成していくことを打ち出して、その心を翻させ、さらにその後にしっかりと育て上げてメジャーへ送り出しているという実績がある。それは、やはり事前の意思疎通がしっかりと出来ているという自信ということでもあろう。ドラフトは、ある意味では人と人との「縁」でもある。どんな縁結びがあるのかということもまた、ドラフトをより興味深いものにしているのだろう。

日本ハムは他球団に先駆けて大船渡が岩手県の大東町で練習試合を行った6月2日に、吉村浩GMが佐々木の1位指名を宣言している。さらには、その約3週間前の5月上旬に吉村GMと大渕部長、白井康勝スカウトの3者が大船渡に出向いて、佐々木の練習を視察したうえで今秋ドラフトでの1位指名、入団後の育成方針、会社の概要などをいち早く国保陽平監督に説明したという。こうして、すでに情報戦で先行していたという自負もあったのかもしれない。

通常この時期は、まだ各球団とも、最終的な方針や方向性は決め切っていないのが一般的だ。そんな中で、1位指名を公言したのは、一つは他球団に対してのパフォーマンスということも考えられるが、やはり情報収集に対しての確かな自信もあったからでもあろう。その後、ドラフトが近づいてきた頃にロッテと、西武も1位指名を公言した。

とは言うものの、ドラフトは指名が重複すれば、交渉権は抽選で決められる。どんなに思いがあったとしても、両者を結びつける「縁」があるのかどうかは、当日になってみないとわからないのだ。それでも、近年の傾向としては、早くに1位指名を公言した球団が、当日の入札では競合しても当たりくじを引き当てることが多かった。前年の例でいえば、中日の根尾昂《ねおあきら》（大阪桐蔭）、ロッテの藤原恭大《きょうた》（大阪桐蔭）、広島の小園海斗《こぞのかいと》（報徳学園）などがそうだった。

それでは、ここで令和時代となった最初のドラフト戦線が、どんな状況で進んでいったのかということを振り返ってみよう。

この年の対象者となる高校生は、佐々木朗希が台頭してきたことで、同世代では一番の好素材と言われていた奥川恭伸と、それに対抗する存在として、やはり2年生から甲子園に出場を果たして、その実力を披露していた創志学園の西純矢。さらには横浜高校の及川雅貴《およかわまさき》の評価が高かった。これに佐々木が加わって〝高校四天王〟がドラフトの目玉という存在になっていっていた。

ただ、シーズンの進行とともに高校四天王はチームの実績や話題性も含めて奥川と佐々木がよりクローズアップされていっていた。奥川の星稜以外は最後の夏の甲子園出場を果たせなかったということも大きかった。及川に至っては、最終的にはU―18の日本代表メンバーからも外れてしまって、やや評価を落とした形になっていた。

高校生としては他には、春のセンバツの優勝投手東邦の石川昂弥《たかや》が、野手としての高い評価を受けていた。そして、石川に関してはドラフトの前日に地元の中日が1位指名することを公表した。さらには、U—18で活躍した興南の宮城大弥《ひろや》、全国的には無名ではあるが、佐々木同様に素材力の高さが評価されている霞ケ浦の鈴木寛人《ひろと》、菰野の岡林勇希などの名前がクローズアップされてきていた。

そしていつしか、1位指名の最初の入札は高校生としては「奥川と佐々木に何球団が集まるのか」ということが最大の焦点となってきていた。これに、完成度の高い明治大の森下暢仁《まさと》の3人で最初の1位入札は終わるのではないかとも言われるようになっていた。おそらく、最初の入札はこの3人に絞られていくだろうというのが、大方の見方となっていた。

「将来性と伸びシロでは一番の佐々木朗希か、高校生では群を抜く完成度の高さを誇る奥川恭伸か、あるいは即戦力として二桁勝利も期待出来そうな大学生の森下暢仁か……」

当日のスポーツ各紙は、そんな見出しでにぎわっていた。

あるいは、競合によるクジ引きを避けて、あえて一本釣りを狙って単独指名でいくところも現れるのか、ということも興味が持たれていた。

誰に何球団が競合していくのか。運命の当たりクジは、どこが引き当てるのだろうか。毎年のことではあるが、ドラフト会議はこうして指名の日が近づいてくると、各スポーツマスコミでも連日話題として取り上げられていくようになっていく。それらの報道によって、さらに周囲の興味を引いていくような仕組みとなっている。

こうして、ドラフト当日を待つこととなった。

運命の日、令和元年10月17日

「第一回　選択希望選手　東京ヤクルト　奥川恭伸　投手　星稜高校」

このアナウンスで、令和となって最初のドラフトがスタートした。今回のドラフトでは、12球団中半分の6球団が前日までに1位指名の選手名を公表していた。シーズン最下位ということで、最初に呼び上げられることになったヤクルトも、実はそのうちのひとつで奥川恭伸の指名を公表していたのだ。ちなみに事前に奥川の指名を公表していたのはヤクルトだけだった。

「第一回　選択希望選手　オリックス　石川昂弥　投手　東邦高校」

第二声は思わぬ展開だった。佐々木に行くかと思われていたオリックスが東邦の石川を指名。さらに中日も宣言通り石川を指名。投手ではあるが打者としての評価が高い選手である。佐々木朗希の名前が最初に呼ばれたのは四番目の北海道日本ハムだった。いち早く1位指名を公表していただけに、当然の指名だった。

その後、佐々木を1位に指名したのは千葉ロッテ、東北楽天、埼玉西武という4球団となった。また、奥川に関しては、その後に阪神と読売巨人が指名してセ・リーグ3球団での抽選ということになった。

最初に抽選が行われたのは奥川だった。ヤクルト高津臣吾新監督、阪神矢野燿大監督、巨人原辰徳監督の3人が壇上に上がって抽選箱からそれぞれ封筒を取り上げた。そして、開封した結果、高津監督が右手を掲げて当たりくじを示した。

こうして、「ヤクルト、奥川恭伸」の交渉権が確定した。

直後の公開記者会見での奥川の表情は晴れ晴れしていた。そして、時折笑顔を浮かべながらのインタビューだった。

「正直、多くの選手がいる中で、こうして指名をいただきホッとしています。どこへ行っても頑張っていこうと思っていたので、こうして『縁』をいただけたので大事にしていきたい。（ヤクルトの印象は）チームとファンが一体になっている温かみのあるチームだと感じています。早くチームに溶け込んでいきたい」

奥川は、しっかりと「縁」という言葉も用いてコメントしていた。意外にも、星稜からのドラフト1位指名は27年前の松井秀喜選手以来のことだったという。

一方、佐々木朗希のクジ引きは、パ・リーグの4球団によって行われた。日本ハムは3月に就任した川村浩二球団社長、ロッテは井口資仁監督、楽天は石井一久GM、そして西武は辻発彦監督が壇上に登ってクジを引いた。結果は、ロッテの井口監督が当たりクジの入った封筒を手にしていた。

こうして、今ドラフト最大の目玉とも言われていた佐々木朗希の交渉権は千葉ロッテということに決まった。

その瞬間、テレビに映し出された佐々木は、表情は変わらなかったものの、緊張からかやや強張《こわば》っているかのようにも見えた。極力感情を表に出さないようにということを意識しているかのようでもあった。コメントを求められると、

「ホッとしています。どこの球団になるのかと思っていました」

旅立ち
奥川恭伸

ヤクルト、阪神、巨人の競合の末に
ヤクルトが交渉権を獲得。
星稜高校から27年ぶりの高卒1位指名。
ヤクルト再建の切り札として期待！
めざせ神宮の星。

第一声を発すると、硬い表情が少し和らいだ。

「家族や、支えてくれた人たちがいたので、今がある。自分一人ではここまで成長は出来ていないので感謝の気持ちでいっぱいです」

と、無難なコメントを残しながらも、新たな旅立ちへ向けての思いは感じられた。

いずれにしても、令和最初のドラフトの結果は出た。

この年の最大の注目の二人の進路もそれぞれに決まっていった。今、こうして将来の日本の野球界を背負っていくであろうと思われる二つの逸材は船出した。新たな夢の実現へ向かって、スタートしたばかりである。この逸材を引き当てたヤクルトの高津監督、ロッテの井口監督がどう育てていくのか、それも極めて興味のあることでもある。

結果ということでしか評価をされることがない、厳しいプロ野球の世界である。そんな世界に飛び込んだ、逸材たちがどんな成長をして我々の前にその姿を見せてくれるのか。そして、どれだけ私たちを楽しませてくれるのか。ファンとしても、そんな期待に対しての夢は膨らむ。令和最初のドラフトは、それだけの意味は十分にあったのではないだろうか。言うならば、令和時代のプロ野球を含めて野球界の進むべき方向を示したとも言えるドラフトだったのだ。そんな気がしている。

GET DREAM

旅立ち
佐々木朗希

パ・リーグ4球団による1位指名の末、
ロッテが交渉権を引き当てた。
「日本一の投手になってチームを優勝に導きたい。
球速も日本最速を超えられたら」と胸中を明かした。

ドラフト指名は、若者がプロの世界へ進む船出である。その船出はクジという抽選が絡むこともあって、ことのほか「運」と「縁」が大事になってくる。そして、そんな運のあった球団との縁を大事に思える選手、それが次のステージで大きく羽ばたく要素になっていくのではないだろうか。

チーム事情もあって、奥川の場合、比較的早い段階から一軍の試合で起用されることもある。ただ、ルーキーイヤーは、結果にこだわらず自分の投球をしていってもらいたい。投手出身の高津監督は、もちろん奥川の将来も見据えた使い方をしていくであろう。

佐々木に関しては、焦らないでじっくり育ってほしい。酷似していると言われているダルビッシュも、入団早々は様子を見ながら起用されていった。その足跡を追うように徐々に大輪の花を咲かせてもらえればと願っている。

本書では、ドラフトを巡って、そんな二人のいた大船渡高校と、星稜高校。それぞれの高校野球の時間も振り返っていきたい。

そしてまた、佐々木朗希が岩手大会の決勝戦の登板を回避したことによって、改めて問題提起されてきた投手の故障、健康管理をどのように捉えていくのか。俄かに再燃してきた球数制限問題にも言及していきながら見つめていこうと思っている。

第一章

佐々木朗希と奥川恭伸の明と暗

2019年夏、佐々木朗希の435球

悲願の甲子園出場まであと1勝。

「この試合に勝てば、夢にまで見た甲子園出場が果たせる」

そういう思いがあれば、誰もが「あと一つ、踏ん張っていこう」という気持ちになれるものだ。

2019年、第101回全国高校野球選手権岩手大会決勝では、本命視されていた花巻東に対して、大会前から高校最速投手と言われていたエース佐々木朗希投手が注目されていて、「ひょっとしたら……」という期待感のあった大船渡が、ここまで何とか踏ん張って決勝進出を果たしていた。前日の準決勝では、佐々木投手は129球を投げて相手打線を抑えてチームを決勝に導いた。

ところが、決勝の先発メンバーに〝エースで四番〟の佐々木朗希の名前はなかった。多少の筋肉の張りがあったということもあったという。

大船渡の国保陽平監督はこうコメントしている。

「（佐々木を使わなかったのは）故障を防ぐためです、暑さもあって……。投げたら壊れる、投げても壊れないという、未来を知ることは出来ないけれども……。プレッシャーのかかる決勝戦で……、今までの公式戦の中で一番壊れる可能性が高いと思いました。投げさせようと思えば、投げられる状態だったかもしれない。しかし、故障のリスクもあるとし、その可能性が最も高い（と思われる）決勝戦で、私には（登板させることを）決断出来ませんでした」

高校生で160キロを超える速球を投げることが出来るというだけで、間違いなく逸材である。しかし、その逸材は故障のリスクとの諸刃の剣でもあるのだ。

平成から令和となって最初の夏の全国高校野球である。大会としては、新しい時代の始まりにふさわしく、第101回目の大会だった。

平成最後の夏となった前年は第100回大会。大阪桐蔭が史上初の同じ学校で2度目の春夏連覇を果たしたことで幕を閉じた。しかし、話題をさらったのは、その快挙を果たした大阪桐蔭よりも、決勝で大阪桐蔭に敗れた秋田県の一公立校の金足農の方だった。

というのも、大阪桐蔭はその年のプロ野球ドラフト会議でも4人が指名されたということでもわかるように分厚い戦力を有している。また、そんな大阪桐蔭で野球をやりたいとう同世代の能力のある選手たちが全国から集まってきている。だから、何枚ものエース級の投手を保持していて、試合ごとにローテーションを組んでいるかのような投手起用が大阪桐蔭の野球だった。

しかし、多くの高校野球ファンが共鳴したのは、そうした横綱相撲とも言えるような野球ではなかった。全員が地元秋田の出身で、全員が自宅から通ってきている公立校で、そこそこの能力の選手たちを徹底した猛練習で鍛え上げて作り上げた、泥くさい金足農の野球だったのだ。

しかも、金足農は秋田大会の5試合を含めて、甲子園の決勝までの11試合、選手交代なしで、替わらぬ9人のメンバーのみで戦ってきた。そして投手も、エースの吉田輝星《こうせい》（北海道日本ハム）が一人で投げ切っていったのだ。最後、決勝では力尽きたような形で、三塁手のリリーフを仰いだものの、881球を投げ抜いた。

ただ、そのことがその後の物議を醸しだすことになった。

「一人の投手を酷使しすぎ」

「真夏の甲子園での投手の酷使は、逸材を潰す以外何物でもない」

「高校野球にも、球数制限を導入しないと投手が可哀想」

挙句には、こうしたネットの声や風評に影響されて、「吉田は、もう肩やっちゃってるんじゃないか、これじゃプロでは無理だろう」などと、勝手な憶測でモノを言う輩《やから》も後を絶たなかった。

いずれにしても、こうしたことが拍車をかけて、「投手の投げ過ぎ問題」が大きくクローズアップされてきた。そんな背景も一つの引き金となって、160キロエース佐々木の登板回避ということになったのではないかとも推測される。

佐々木のいない大船渡に対して、花巻東は初回から攻め立て、初回に2点を先取すると、2回、3回にも1点ずつ加えていき5回までに5対1とリードする。元々、力としても一枚上の花巻東である。後半はさらに点差が開いていくことは目に見えていた。

結局、試合は12対2で花巻東が大勝して2年連続10回目となる甲子園出場を果たした。

結果としては、当然といえば当然のものだったかもしれない。

その結果を受けて、メディアは大きく扱った。

「佐々木登板なし。大船渡大敗」

「出場せずに、佐々木朗希散る」

「決勝のマウンドに立たずに、佐々木の夏終わる」

そして、このことに関してまたしても議論百出となる。

「佐々木が投げたとしても、必ずしも大船渡が勝ったとは言えないだろうし、佐々木が打たれたかもしれない」

「こうなるならば、準決勝に投げさせないで決勝に投げさせるべきだったのではないか」

それぞれがそれぞれに勝手な意見をネットなどに投稿していくのが今の時代の風潮でもある。当事者としては、もちろんそんなことにいちいち反応してはいられないであろう。とはいえ、まったく気にならないというと嘘になってしまう。ネット世論がヒーローも作り上げれば、ヒール役も作り上げていく。そんなことも当たり前の時代である。だから、周囲をまったく意識しないということはないのだとも言える。

結局、佐々木は岩手大会の435球で姿を消すことになった。最大の目玉とも言われた投手は、ついぞ全国の舞台に立つことなく高校野球を終えたことだけは確かだった。佐々木は春先のU—18日本代表候補の合宿練習で最速163キロをマークしたこともあって、一気に注目を浴びる存在となっていった。

U-18W杯に向けて

甲子園出場は叶わぬものの
U-18W杯の代表投手として
駒沢大学野球部と練習試合を。
見事なピッチングを披露して佐々木健在を
大きくアピールした。（2019年8月24日）

ただ、一方で、マスコミからはさんざん持ち上げておいた挙句に、「投げない怪物」などと言われることにもなってしまった。とはいえ、投げなかったことで佐々木自身の商品価値が上がったということもなきにしもあらずとも言えるのだ。なぜならば、佐々木は負けなかったし打たれなかったのだから……。

その、本当の実力はベールに包まれたままとなった。だからこそ、U―18代表候補合宿で示した163キロと6連続三振だけがよりクローズアップされていくこととなった。

2019年夏、奥川恭伸の512球

7月になると全国各地で甲子園を目指す戦いが展開されていく。そして、それを報じるメディアの中でも、スポーツ新聞などはやはりドラフト指名候補選手を追っていくことが多い。大船渡の佐々木朗希はその中でも、最大の目玉と言える存在だっただけに、メディアとしては、何とか甲子園という全国の舞台に出てきてほしかったことであろう。そうなれば、さらに盛り上がっていくからだ。しかし、それは叶わぬまま、最後は佐々木の登板さえもなく終わってしまった。

そして、もう一人の目玉となっていたのが、星稜の奥川恭伸だった。

奥川の場合は佐々木と違って、前年に2年生ながら甲子園に出場しており、試合でも登板していて、その投球を全国に披露している。さらには、その後、上級生となっての新チームでもエースとして活躍して、北信越大会を制して明治神宮大会にも出場。こうして神宮球場でも、すでにその投球を披露しており、決勝まで進んで準優勝している。

さらには春のセンバツにも出場して、当然のことながら、最後の夏にも甲子園に出場してくるものと、多くの人は信じて疑わなかったといっていいであろう。

石川県の高校野球は久しく星稜と金沢の2強時代が続いていた。そこへ、2000年代になって、伝統ある女子校が共学校となって野球部が誕生して早々に躍進した遊学館が加わってきた。さらにはその後、日本航空石川も戦力を整えてきており、4強時代を形成していた。その中でも、先頭を走るのが星稜だったのだが、この年は奥川がいるということもあって他のライバル校を頭一つリードしていると言われていた。

センバツ後、夏の前哨戦とも言われている春季県大会でも危なげなく優勝。その後の北信越大会でも、下馬評通りの強さで優勝を果たして、盤石の強さを示した。そんな星稜の唯一の不安材料があるとすれば、センバツでの敗退後、相手校のサイン盗み疑惑に対して猛烈に抗議した林和成監督が、その一連の不手際に対して学校から約2カ月間、指導の禁止を命ぜられていたことだ。北信越大会後に現場復帰したが、そのことのみが一縷の不安材料だった。

しかし、石川大会では、そんな不安はまったく感じさせなかった。むしろ、監督不在で戦った春季大会、北信越大会を通じて山瀬慎之助主将を中心としたチームのまとまりはより強くなっていた。

チームとしての一体感がより強固なものとなり、林監督が戻ってきた7月からも、何もなかったかのようにチーム練習は進んでいって夏本番を迎えた。

選手たちの大会への気持ちは、初戦となった七尾東雲との試合で、初回にいきなり8点を奪って爆発させている。さらに3回戦も3本塁打などで5回コールド勝ち。そして、最初のヤマとなった遊学館との試合で、満を持していた奥川が夏の大会初先発で、107球を投げ序盤のリードを守り切って2対1で勝利している。

その間に、他のライバル校が敗れ去っていったということもあり、4強の段階で星稜が抜けた存在となっていた。ところが、準決勝の鵬学園との試合では7回に3点リードをひっくり返されるという思わぬ展開となったが、8回に追いついた。そして、延長に

U-18W杯カナダ戦

先発として出場。7回1失点18奪三振の好投で、その抜群の安定性を世界にアピールした。スカウトの評価はさらに高まり奥川もプロの道の自信をつけた。

もつれ込んで何とか振り切った。苦しい展開で、奥川投入を余儀なくされたという感じになってしまった。この試合では奥川は4回71球を投げている。

そして石川大会決勝。相手は小松大谷だが、星稜は当然のようにエース奥川が先発して、140キロ台のストレートを中心として、スライダーやスプリットといった変化球も多彩に織り交ぜて14三振を奪い、6対2で快勝して、4季連続の甲子園出場を決めた。宇ノ気中時代にも、一緒にバッテリーを組んでいた山瀬捕手との息もぴったりで、必ずしもパワーをフルに全開させるというものではなく、7~8分程度の力で気持ちよく投げていった奥川だった。

そうした余裕の投球は、「今年の星稜は、全国でも優勝候補になるだろう」と、地元のファンも、自信を持って甲子園へ送り出していったという感じだった。そして、「石川県悲願の全国制覇」という夢もかなり現実味を帯びた大きな期待となっていたのである。

まさに、「佐々木騒動」で揺れる岩手大会を尻目に、盤石の野球で周囲の期待通りの甲子園出場を果たした奥川星稜だった。甲子園でも決勝まで進んだ星稜。奥川は甲子園で512球を投げている。

決勝戦、佐々木朗希の登板回避は勇気ある決断ではないのか

岩手大会決勝でエースの佐々木朗希を投げさせないという決断をした国保監督に対して、

「勇気ある決断」

「選手ファーストの考え方で、これこそ教育」

そんな称える声も聞かれた。もちろん、その意見も一理ある。まして今の時代、根性論だけでは指導は成り立たないし、身体のケアということがあってこその高校野球だということも尊重されてきている。

しかし、一方でもう少し引いて考えてみなくてはならないこともあるのではないか、ということもある。最後の夏の試合をベストメンバーで戦えなかったことに、不満を感じた者はいなかったのだろうかということである。それを勝利第一主義という意見もあるが、教育的観点というところから見れば、ベストメンバーで戦わなかったということに他の者への配慮がなかったのではないか、という見方もあるからだ。

高校球児であれば、誰もが一度は思い描く甲子園出場。そこに届くか届かないかは別にして、甲子園という聖地への憧れと夢の舞台があるからこそ、これまでの厳しい練習に耐えてこられたのだ。そういう思いは強いはずである。

もちろん最終的に甲子園出場は、叶わぬ夢だったかもしれない。まして、現実を見据えれば、県内外の有望選手を集めてきて、学校の方針としても「野球部強化」を打ち出している学校も存在する。甲子園出場を選手も監督も、至上命令として受け止め、取り組んでいる強豪私学が、命がけで甲子園を狙って勝負してくるのだ。

それに対して普通の公立校としては、そういった相手に、一人のエース、大黒柱がいて立ちはだかることで何とかなるという場合もある。冒頭でも述べたように、大船渡と同じ東北勢で第１００回大会で準優勝を果たした秋田県立金足農などは、その顕著な例でもある。

佐々木投手は最速１６３キロをマークする逸材ということで、夏の大会前から最も注目を浴びる存在となっていた。春季大会では地区予選はクリアしたものの県大会は１回戦で敗退した。

結局、夏の大会前の最大の舞台となる東北地区大会にも進出ならず、大きな舞台に登場することなく最後の夏を迎えることとなった。

それでも6月の練習試合では、各球団のスカウトが足を運ぶと、それを追うかのようにスポーツ紙など多くのメディアが詰めかけてその様子を報じていた。

そうした煽りもあったのか、佐々木投手を見ようとたくさんの高校野球ファンが詰めかけるという現象が相次いでいた。会場となる球場関係者や相手校の関係者までも、事故があってはならないとその対策にいろいろと頭を悩ました。

それだけ注目を浴びていく中で、「佐々木は、いつ投げるのか」ということにのみ話題が集中してきた。そして、投げたら「軽く投げて153キロだ」「まだ、本調子ではないけど150キロ」「3イニングの顔見せのみ」というような報じられ方だった。そうしたことで、周囲も、よりデリケートになっていったところもあったのではないだろうか。そうして迎えた夏の岩手大会。

何だかんだと言われつつも、大船渡は決勝まで進出したのは立派だった。

ただ、この試合に勝てば、甲子園出場が決まる試合。皆で一緒にそこを目指してやってきたはずなのに、どうして佐々木投手が大事な決勝戦に登板しなかったのだろうか。

それどころか、四番打者としての出場もなかったのはどうしてなのだろうか。そのことには大きな疑問が残る。

一つだけ言えることとしては、今の時代には球数論などが話題として先行していることが背景としてあったということだ。全国に先駆けて、春季県大会で球数制限を導入しようと試みた（最終的には、日本高野連からの「時期尚早すぎる」という意見があって、導入は中止）新潟県高校野球連盟の富樫信浩会長はメディアを通じてこのようにコメントしている。

「（登板回避は）勇気ある決断。本人は投げたかったのかもしれないが、甲子園がすべてではないという選択をした。そこが大事だと思う。（佐々木投手には）次のステップが待っている。また、（大船渡の国保監督は）批判されるかもしれないが、否定されたら高校球界にとってはマイナスだ」

登板回避を支持する発言としては、最も有力で説得力のあるものと言える。

しかし、この佐々木投手の登板回避を大英断として手放しで評価していいものだろうかというのも疑問があるような気もするのだ。

大黒柱のエースを決勝戦で投げさせなかった勇気を称える人もいたのは、むしろ今の時代ならではのこととも言える。ただ、それが新しい考え方で、すべて正しいのかというと、そうだとも言い切れないと思うからだ。

「投手の投げ過ぎ」に対するアレルギー

一方では、「皆が目標としているのは甲子園出場ではないのか。その甲子園がかかった最後の試合でチームとしてベストメンバーで戦わないというのは、最初から勝負を放棄していることになりはしないか」そんな意見も当然のことながら出てきている。高校野球の、最終的な目的とは何なのかというところにもたどり着く。答えとしては、「常に今のチームのベストの形で戦う」ことではないのかと……。そうなると、一人の将来のために、他の選手の思いを放棄させてもいいのだろうかということにもなっていく。だから、「故障のリスクを避けるために、エースの登板回避で、結果として勝利を逃すのもやむを得ない」という考え方を必ずしも英断と言っていいのかというと、そこはいささか疑問が残るのだ。

現実に、多くの現場の指導者たちは、やはり、決勝戦はベストメンバーで行きたいという思いは強い。いや、教育的要素があるとすればこそ、3年間そのことを目指してきて目標が手の届くところに来ていている状況で、さらにその先のことを慮って、故障というリスクを回避したという決断が本当によかったのかどうかは、わからない。それは、そこまで一緒にやってきた選手たちの思いというのがあるからだ。もっと言えば、多くの選手はその先にも命を削るようにして野球を続けていくのかというと、そうではないはずだ。

だからこそ、これが英断なのかどうか、その結論は、早急には出せるものではない。ただ、一つ言えることは、多くの指導者たちの意見を総括すると、こういうことではないかというところに落ち着いた。

「高校3年間の思いを込めて戦うのが高校野球の最後の夏。しかも、甲子園が手を伸ばせば掴める状態であれば、そこまで一緒にやってきた3年生と一緒に戦いたい。もちろん、連日の暑さもあるし、精神的間も強いプレッシャーを受けてきた。当然ながら、疲労はあってベストコンディションでないかもしれない。だけど、現状のチームの中で、ベストメンバーで行きたい」

怪我のリスクを恐れては何も出来ないということも言える。結果はともあれ、最大限の努力をして「自分たちはやり切った」という思いを感じえることこそ、高校野球の最大の目的ではないのか。そういう意見もあってしかるべきである。

皆がみんな、将来プロ野球選手となっていくわけではない。

いや、それはむしろ、一部の突出した能力のある、ごくごく一部の選手でしかないのだ。今の時代、野球を語るにあたって、「投手の投げ過ぎ」に対するアレルギーのようなものがあって、連投や投げ込みを否定するのが正しいというような考え方が横行しているのも気になるところではある。

いずれにしても、高校野球をめぐる議論の流れの中で、大きな問題提起となったことだけは確かだった大船渡の「佐々木騒動」だった。

球数制限に対して改めて問題提起して考える

かつて野球少年の心を揺さぶったテレビアニメに『巨人の星』があった。その主題歌の中では、「腕も折れよと　投げ抜く闘志　それが男の　ド根性」と謳われていた。現在、50代以上の人には、その言葉に刺激されて、来る日も来る日も球を投げ続けたり、主題歌の背景に映し出されていた映像のウサギ跳びや間違いなく腰を痛めるであろうローラー引きを率先してやり、「これこそが野球に必要なことなんだ」とばかり、信じ込んで自ら苦しいことにトライして「根性がつく」と夢中になったという経験のある人も少なくはないだろう。特に、「野球で頑張ろう」なんて思っていた人は、必ず一時はそんなことにのめり込んでいったということがあるはずだ。

もっとも、かつて南海ホークスや阪神タイガースで活躍して、プロ通算113勝を記録。その後には参議院議員にもなり、初代内閣委員長にも就任している江本孟紀氏は、自らの著書の中でこう言って一笑に伏している。

「ウサギ跳びでひざが壊れるようなヤツが野球をしますか。壊れちゃいけないんですよ、ウサギ跳び程度で」（『高校野球が10倍面白くなる本』青志社・刊）

また、同書の中では、先日亡くなった不滅の400勝投手でロッテの監督時代にも走り込みと投げ込みを徹底させていた金田正一氏の言葉も引用している。

「投げ込みして肩が壊れるようなヤツには投げ込みはさせないよ。ウサギ跳びが出来ないヤツにはさせないよ」

ところが今、そうしたことのすべては「間違っていたのではないか」ということになってきている。確かに、そんなことは何の科学的根拠もなければ、論理的に検討すれば無駄な筋肉をつけたり腰を痛めるだけのことだったりするということになるのかもしれない。

とはいえ、当時の高校野球は例えば１９６９（昭和44）年夏の決勝、松山商と三沢の試合に象徴されるように、一人の投手が投げ切っていくというものがほとんどだった。

そして、松山商の井上明投手の素晴らしい制球力に関しては、「松山商の投球練習は、10球連続でストライクが入らないと終われません。９球までストライクが入っても、10球目が外れたら、またやり直しということを繰り返してきました。時に、３００球くらいに達することもあったといいます。そうして、このコントロールは磨かれてきました」ということをアナウンサーが紹介していた。

それくらいに、当時の野球は、投手は投げ込みが当たり前だと信じ込まされていた。それこそ、強豪校であれば夏の大会前の６月の練習では連日３００球の投げ込みは普通に行われていただろう。

そうやって投手の肩というのは作られていくのだと信じられていた。ところが一方で、肩も肘も壊されてもいたのかもしれない。それでも、当時は「球数制限」などという考え方は毛頭なかった。特に高校野球の世界では当たり前のことだったのだ。

そんな考え方から半世紀を経て、時代は変わっていっている。

今、高校野球の大きな問題点として投手の球数問題と大会の過密日程がある。そして、そのいずれもが、選手の健康管理、故障の防止という意識から始まっている。それは、野球人口の減少などその危機感がある中で、好素質の選手に野球を続けさせていく、野球を続けていってもらえる環境を作るというところからも、大事なことであろう。

ただ、それならばそういう制度を作ればいいのではないかというと、ことはそんなに簡単なものではないのだ。

日本高野連が設けた「投手の障害予防に関する有識者会議」というものがあるが、その審議を続けていく中でも、なかなかこれがベストだという結論には至らない。

そして現状では、一定の日数の中で投球数を制限することを答申に盛り込むことが決められた。しかも、全国大会のみを対象としていくということである。そして、早ければ2020年のセンバツから投球制限が導入されるという見通しになった。

このことは、甲子園での投球制限導入へ大きな一歩を踏み出したといえよう。

具体的にことが進むきっかけとなったのは、第100回大会で準優勝した金足農の吉田輝星投手が秋田大会から始まって、甲子園の1回戦から決勝までの6試合まで計88

1球を投じて投球過多が問題視されたことによる。さらには、それを受けたような形で新潟県高野連が球数制限導入を表明したことで、全国で足並みをそろえていこうということで発足した会議といっていいだろう。

球数制限が設けられる云々以前に、高校生最速を記録した大船渡の佐々木投手が、甲子園目前の決勝戦で登板回避したことで、改めて投手の〝投球過多〟とはどういうものなのかということも問い直されることにもなったといっていい。

一人のエースに頼る野球は本当に古いのか

球数制限ということが具体的になったら当然のことながら、チーム内に何人かの投手を育てておくことが必要となる。ことに、大会で上位へ進出していこうとすればするほど、試合を重ねていくわけだし、そうなればどんな形にせよ、何球で投手を代えなくてはいけないというルールが規定されれば、その後は別の投手が投げなくてはならなくなる。そうしたルールを見越して、チーム作りをしていかなくてはなるまい。

また一方で、相手に絶対的エースがいたとして、その投手をなるべく早くマウンドから降ろすための戦術としては、いわゆる制限されている球数になるまで投げさせるということになる。しかも、余分な球を投げさせることによって球数を稼いでいくという戦術も当然ありということになろう。そう考えると、打席の前でコツンと当ててファウルにしていって、投手の球数を稼ぐという戦法もルールの中では可能となる。その戦い方がフェアであるとか、正々堂々としていないということではなくて、ルールとしては何ら問題はないわけだ。

こうなると、チームによっては、「とにかく1打席で相手投手に10球以上は投げさせられる要員」を置いておくということも十分に考えられる。ただ、そうなってくるといささか野球の本質が違ってきてしまうのではないかという懸念もある。

もっとも、現状の高校野球の場合は、期間を定めた中での球数制限ということになりそうなので、そうした戦術をとる必要はないだろう。

また、チームとしては複数投手制ということも必然的なものとなる。

しかし、この制度が当たり前になれば前述の金足農のようなことはありえなくなってくるわけだ。そうなれば、選手層の厚い学校とそうではないところとの差というのは、ますます広がっていってしまうということも明らかだ。

「今後の高校野球は、いかに上手に投手をつないでいくのかという、継投のタイミング、采配が大事になってくる」

こういう論調もありなのだろうが、それは一方で二極分化が進んでいく高校野球にあって、その格差を広げていくことになるのも明らかだ。かつて、一人のエースがふと現れて、その男に引っ張られるようにして、他の普通の選手たちが、試合を重ねていきながら少しずつ上達していって、チームそのものも強くなっていく。そんな普通の高校野球部のサクセスストーリーは、なくなっていくことは確かである。

一人の力が、周囲に影響を与える。そして、その一人の力でより上のステージを経験していくことで、周囲の普通の選手たちが、勘違いしながら上達し向上していく。こうしてチームが強くなっていくというのも、一つの高校野球のあるべき形でもある。実際、そうして勝ち上がっていった学校が、甲子園でも多くの人の心を摑んでいるのだ。しかし、球数制限による投手複数制を実行していくと、そうしたことは起こり得なくなっていくのではないだろうか。

そもそも、球数制限という考え方はどこから来たのかというと、それは野球の母国でもあるアメリカからだ。アメリカでは、「投手が生涯に投げられる球数は決まっている」

という考えがあり、そこからの発想だという。

もともと、アメリカには軟式野球はなく、子どもの頃から硬くて重い硬式ボールを使って野球をやっていた。だから、まだ筋力がついていない、成長しきっていない肩や肘には、負担がかかってくることも明らかだった。そこで、若いうちにたくさん投げることはさせないという考え方が出てきた。こうして、1試合当たりの投球数と登板間隔を指導者が管理するということになった。

それに、アメリカには、日本の甲子園大会のような高校生世代の全国大会はない。だから、高校生世代の野球には日本の甲子園のような盛り上がりはない。アメリカの野球は、すべてがメジャーリーグ（MLB）に集約されている。したがって、能力のある選手は、将来MLBで自身が高く評価されるように、肩や肘のケアをしていくという考え方も定着してきているようだ。それに加えて、そうしたフォローをしていく代理人がいて、すべてにおいてマネジメントしていくというビジネス化している部分もある。そして、代理人とスカウトとがビジネスライクに交渉していくということもあろう。

2013年のセンバツで済美のエース安樂智大（現楽天）が772球を投げたのを、米のメディアが「異常事態」と書き立てたこともあった。このことが、一つの導火線となって日本のメディアに「球数」に関する意識を植え付けたとも言われている。球数過敏症を作り出したとも言える。

こうして、一人の投手の負担が大きくなることが、一種罪悪視されるような風潮にもなってきた。そんな時代だから、「複数の投手を育てなくては、指導者としては失格だ」というようなことも断言する人も現れた。

ただ、誰もが同じように、100球で肩が衰えてしまうのかというと、そういうものでもないだろう。かつては、江川卓投手が読売ジャイアンツ時代の後半に〝100球肩〟などといって、球数が100を越えたら降板するということがあった。「先発完投こそ、投手のあるべき姿」という考え方がまだまだ大半を占めていた時代である。当然のことながら当時は、〝100球肩〟は批判の対象にもなった。それが、今では全く逆の考え方になっている。

とはいえ、100年以上の歴史を背負っている高校野球。そこで行われることは、ただ単に数値や現象だけで判断して括れるものではないというのもまた確かである。徳島商の板東英二が延長18回で25個の三振を奪ったり、三沢の太田幸司と松山商の井上明が決勝戦で延長18回を投げ切って、お互いに0で抑えたなどという一人のヒーローが作り上げた伝説の名勝負は起こりえなくなる。近いところでは、「平成の怪物」と称せられた横浜高校の松坂大輔も、ＰＬ学園との延長17回を投げ抜いたことで、その怪物ぶりが神格化されていったである。

高校野球の勝負は、高校球児にとって、もっともモチベーションの上がる夏の戦いの場では目に見えないものが人に特別に力を与えてくれることがしばしば起こりうる。そして、そのことに多くのファンが共感して感動を呼んできたというところもある。そういう歴史があって、高校野球という文化が成立してきているということも見逃してはならない。

第二章

奥川恭伸がいた星稜の甲子園

2年生の春から甲子園に登場（第90回センバツ）

奥川恭伸を擁する星稜は、令和最初の甲子園となった第101回全国高校野球選手権大会には2年連続20回目の出場となった。さらにこの年は、春のセンバツも2年連続13回目の出場を果たしている。つまり、星稜での奥川は2年生の春から3年生の夏の大会まで4季連続で甲子園出場を果たしていることになる。星稜は石川代表として平成の最後を飾り、令和時代の最初も飾ったということになる。

奥川は、2001年4月に現在の石川県かほく市（平成の大合併で宇ノ気町、高松町、七塚町が合併して誕生）で生まれている。地元の宇ノ気小学校で3年生の時から宇ノ気ブルーサンダーというチームで本格的に野球を始めて、主に投手と遊撃手を務めていた。その後、星稜でもチームメートとなる山瀬慎之助とはこの当時からバッテリーを組んでいた。そのまま二人で地元の宇ノ気中に進学して軟式野球部に所属している。3年の時には全国中学校軟式野球大会で優勝を果たしている。

そして、全中1位という実績を引っさげて、山瀬とともに星稜の門をくぐった。当初は、お互いの志望校は別々だったというが、「高校でも山瀬に受けてもらいたい」（奥川）、「奥川の調子は表情を見たらわかる」（山瀬）という2人の呼吸は、星稜進学ということでも一致させた。

星稜では奥川は入学早々の1年春大会からベンチ入りを果たしている。そして、秋の新チームからは実質エース格となっていた。秋季大会では県大会優勝、北信越大会は準優勝でセンバツ出場を果たしている。

2年生の時のセンバツでは3年生に竹谷理央という投手がいたこともあり、背番号11だった。しかし、戦った3試合すべてでマウンドに登り、打者としても活躍して勝利にも貢献している。チームとしても、奥川は竹谷とともにダブルエースという考え方だった。

大会誌や専門誌では、この大会の段階から、高く評価されていた。

「伸び盛りの2年生エース奥川は、来秋のドラフト候補だ。準優勝に貢献した秋の北信越大会では1回戦で北陸（福井）を10奪三振完封し、146キロを計測した準決勝の富山国際大附戦は7回無失点」（『報知高校野球』2018年3月号）

◎2018（平成30）年春＝第90回センバツ大会

▽2回戦

冨　島　002　000　000＝2
星　稜　107　200　01X＝11

竹谷が先発したが、3回途中で2失点したところで奥川がリリーフのマウンドに登る。結局奥川がその後を投げ切って、6回3分の2を投げて5安打無失点という好リリーフ。初戦ということもあり、いくらか硬さもあったようだが、必ずしも調子がいいというワケではなかった中で、苦しいところを抑えたのはさすがだ。さらには、投げていきながら調子を上げていったのは修正力の高さを示したとも言えよう。周囲からの評価も、評判通りの好投手で2年生でもあり、先が楽しみという声がほとんどだった。

▽3回戦

近　江　200　001　000　0＝3
星　稜　000　003　000　1X＝4　（延長10回）

3点リードされた形の6回一死三塁という場面から奥川が登板するが、何とか後続を打ち取る。そして、その裏に無死二、三塁という場面で、六番に入っていた奥川に打席が回ってきた。しっかりと右前打して二者を帰して1点差。さらに、この回星稜は中犠飛で同点に追いつく。7回以降は、奥川が近江打線を1安打に抑えて味方の得点を待つが、そのまま延長に突入。10回二死一塁で奥川の打順となるが、ここでも左中間へ二塁打してこれがサヨナラの一打となった。この日は投球というよりも、打者としての活躍が目立った奥川だった。2打数2安打3打点と、圧倒的な勝負強さを示した。勝負運を持っているということを打者としても示したと言っていいだろう。

▽準々決勝

三　重	034	000	205	=14
星　稜	022	001	130	=9

先発した竹谷の調子が上がらず、序盤に点を重ねられて星稜は苦戦。それでも、取られたら少しでも取り返すという展開で食い下がっていき、3回までで4対7。試合そのものは、序盤から乱戦気味となっていた。奥川は3回途中から登板して4回3分の2を投げて5安打2失点で、一旦は外野に下がる。乱戦の流れの中で、投球が乱雑にならな

いように注意していたとも言える。林監督としても、奥川を乱戦の中では投げ切らない方がいいという判断だったのかもしれない。

星稜は3人目として左の山口来聖《らいせい》を送り出していこうとする。8回に、奥川は自分で右前打を放って9対9の同点としたところで、9回に再登板。ところが、先頭を失策で出すと、連打と四球で1死も取れないまま降板。初めての自責点3で4失点。この回に星稜は5点を奪われ敗退となった。結果的には、乱戦の流れに飲まれてしまったという形になった。

試合後の林和成監督は、こうコメントを残している。

「竹谷が、出来ればもう少し長いイニングを投げて、それで奥川につなぐというのがパターンだったのですが、それが出来なかった。6~7点勝負とみていたので、これだけ点を取られたのは予想外。それでも、今大会のベスト8は奥川の成長があったからだと思う」

と、いくらかゲームプランと外れてしまったことが敗因だったようだ。それでも、確実に奥川の成長は評価していた。

奥川自身も初めての甲子園となったこのセンバツだったが、第4試合ということもあって、甲子園球場を後にするときはナイター照明の下だった。

宇ノ気中の野球部時代からバッテリーを組んでいる山瀬慎之助が正捕手としてリードしていたが、「甲子園では必ずしも、ベストの状態ではなかったものの、何とか抑えていた。本来は、もっとストレートで押せるはず」と、評していた。中学で日本一を経験しているだけに、こんなものではないという意識があったようだ。

奥川自身も、「もっと精度を上げていかないといけない。相手打線は喰らいついてきた。ベスト4へ進めるチームとそうでないチームの差を感じた。今度（甲子園へ）来るときは優勝したい」と、この時すでに具体的に日本一を意識していた。

2年の夏は、口惜しさの方が大きかった甲子園（第100回記念大会）

節目の第100回記念大会を奥川恭伸は星稜の2年生エースとして迎えることになった。センバツベスト8の後、奥川は完全にエースとして背番号1を背負うことになった。主将で四番打者でもある竹谷は背番号9となっていた。この春、同県でともにセンバツに出場しベスト8に入っていた日本航空石川と、この年は2強対決と言われていた。前哨戦の春季県大会も決勝で当たったが、奥川が12三振の4安打完封で勝利し優勝している。その後の北信越大会でも星稜は、ほとんど奥川を温存しながら優勝を果たしている。

そんなこともあって、大本命としての夏の石川大会だったが、ライバル日本航空石川が2回戦で金沢市工に足元をすくわれ敗退するのを尻目に、投打に万全の状態の星稜は、全く危なげなく石川大会を制した。終わってみたら、石川大会5試合すべて無失点。チーム本塁打は10本で、いずれも5点差以上の点差での勝利だ。決勝の金沢学院には22対0という大勝だった。大会公式誌でのチーム紹介では「この夏はセンバツ大会を越える4強入りが当面の目標と言うが、その先にある『全国制覇』も当然見据えている」と締めくくられている。つまり、それだけのチーム力があるということだ。

この年の大会は第100回大会ということで、各日「レジェンド始球式」と称して、甲子園の高校野球にゆかりのある人が第1試合に始球式を行うということになっていた。大会初日は星稜OBで国民栄誉賞も受賞しているニューヨークヤンキースなどでもプレーした松井秀喜氏と決まっていた。

組み合わせ抽選で、星稜の竹谷理央主将は、まるで仕組まれたかのように大会初日の開幕試合を引き当てた。しかも、試合前のじゃんけんでは星稜が勝って、後攻めとなった。つまり、松井氏が投げて星稜の山瀬捕手が受けるという、まるで誰かが仕掛けたのかと思えるくらい、奇跡のような演出となった。

松井氏も、「あの、黄色いユニフォームを見たら力が入ってしまいました」と言うように、「星稜」のユニフォームには特別な思いがあるのだ。そして、始球式後は、母校の公式戦を観戦するということになって、星稜の選手たちにとっても、開幕戦というだけではなく、この試合の特別性が際立った。そしてまた、それは、その後に起きる星稜のドラマチックな何かを期待しているかのようでもあった。

◎2018（平成30）年夏＝第100回記念選手権大会

▽1回戦

藤　蔭　010　000　210＝4
星　稜　103　203　00X＝9

試合前のレジェンド始球式で松井秀喜氏が投げて、独特の緊張感と華やかな雰囲気が漂っている中での開幕試合。偉大なる先輩の見守る中での試合となった星稜は絶対に負けるわけにはいかない。そんな目に見えない緊張感もあったかもしれない。

1対1で迎えた3回、星稜は一死二塁から二番の河井陽紀が右中間三塁打して勝ち越す。さらに内山壮馬の二塁打、竹谷理央の安打などで2得点を追加。さらに4回と6回はいずれも奥川が先頭打者だったが、安打で出てチャンスメイクして得点に結びつけている。

結局星稜は9点を奪い、奥川は8回を投げて8安打されたものの、無難に4失点で抑えて勝利した。8回にはスピード表示で150キロをマークしてスタンドを沸かせた。100球近く投げてきた中でのこの数字である。スタミナも十分ということを示したといってもいいだろう。

▽2回戦

星稜	501	010	002	000	2＝11	
済美	001	000	080	000	4X＝13	（延長13回タイブレーク）

この年から、日本高校野球連盟は延長12回で同点の場合、13回からは継続打順でタイブレーク方式で行うということになっていた。センバツでは12回を超える延長がなく、実行されなかったがこの夏は、これが適用の2試合目となった。

初回星稜は打者一巡の猛攻でいきなり5点を先取。3回にも四番南保良太郎のタイムリーで追加点を奪い6対0。完全に星稜のペースで進んでいっていた。しかし、7対1とリードした5回にアクシデントが襲った。35度を超える連日の猛暑の中での大会である。先発したエース奥川が41球を投げたところで右足の痙攣でマウンドを降りることとなった。星稜は継投を余儀なくされたのだが、2人目佐藤海心、3人目山口来聖が何とかこらえていた。大量リードの貯金も効いていた。

ところが8回、済美打線が4人目の竹谷を捉えて2つの死球と4安打で3点を返す。さらに、二死満塁から内野安打で1点差。そして九番打者が3ランを放ってこの回一気に大量8点の大逆転となった。それでも、星稜も9回に内山、佐々木、竹谷の3連打などで2点を返して同点とした。こうして試合は延長に突入していくのだが、ここからは星稜の6人目寺沢孝多と、済美は初回から投げ続けている山口直哉との投げ合いとなった。延長になってお互い0がつづいて、ついにタイブレークに突入することとなった。

星稜は内野ゴロなどで上手に攻めて2点をもぎ取った。そのまま、寺沢がそれまでと同じように投げていければ、逃げ切れると星稜サイドは思ったであろう。ところが粘る済美は九番の政吉完哉が繋いで満塁とすると、一番矢野の打球は右翼ポールを直撃。逆転サヨナラ満塁本塁打という、あまりにも劇的な幕切れになった。ちなみに、逆転サヨナラ満塁本塁打というのは史上初のことであった。それが、タイブレークという状況の中で起きたのである。後述するが、こうしてまたしても星稜は負けて記録と記憶に残る戦いを残したことになった。

奥川は、自身が投げ切れなかったことを悔いた。そして、この負けをバネに、上級生となる最後の1年へ向かっていくこととなった。

この夏、石川大会から「順調すぎるほど成長していった」と林和成監督からも評価を受けていた奥川だった。しかし、やはりこうした負けがあることで、これがさらなる試練となり、成長への糧となっていくのである。そういう意味では、奥川にとっては、非常に大きな意味のある負けだったとも言えるのではないだろうか。

センバツでの履正社戦の好投（第91回センバツ大会）

星稜は2年連続出場として迎えた2019年春。第91回となるセンバツ大会は、平成最後の甲子園ということで、例年とは違った意味でも盛り上がっていた。そんな注目を浴びた大会でエース奥川恭伸投手を擁する星稜は優勝候補の一つに挙げられていた。

その前年の11月に、秋季地区大会で全国10の地区大会で優勝した各校が集結して、センバツの前哨戦とも言われている明治神宮野球大会が開催された。シーズン最後を飾る全国大会でもあり、甲子園ほどではないにしても近年注目度が増している大会でもある。その大会でも星稜は、決勝戦こそ札幌大谷に敗れはしたものの、準優勝を果たしていた。

奥川は、初戦の広陵戦では3安打で抑え、チームの打撃も好調だったため7回コールドで完封した。北信越大会も決勝こそ引き分け再試合となって苦しんだものの、他は圧倒的な力で勝ち上がってきていただけに、強豪広陵をあっさり完封しても、周囲もそれほど驚きは示さなかった。むしろ、「それくらいの力はあるので当然だろう」というくらいの受け止め方だった。

準決勝の高松商との試合も奥川は7回、ちょうど100球を投げて、1失点自責点0でマウンドを降りる。チームは7対3で勝った。そして決勝は、奥川は先発せず下級生の荻原吟哉が先発している。奥川は2点を奪われた7回に途中から登板して打者4人に対して19球。三振3つという文句のない内容だった。決勝で敗れはしたものの、「星稜強し」を印象づけた明治神宮大会でもあった。

そして、その実績もあって、センバツ大会ではスポーツ紙や専門誌でも、優勝候補の一角として挙げられていた。

センバツの初戦の相手は屈指の好カードと言われた履正社となった。組み合わせが決まった段階から、優勝候補対決と、メディアも大いに煽った。

◎2019（平成31）年春＝第91回センバツ大会

▽1回戦

星　稜　100　000　101＝3

履正社　000　000　000＝0

注目の試合である。例年、センバツの初日は夕方にはまだ冷え込むということもあって、開会式が終わって少しずつ観客も減っていくことが多く見られる。しかし、この日は第3試合のこの試合を目当てとしている人がほとんどだった。4万人以上の観客がこの試合の行方を見つめていた。

初回、星稜は二死一、二塁から五番山瀬の左前打で先制する。そのまま1対0と緊張感のある投手戦となっていったが、奥川は立ち上がりからエンジンフル回転で、5回までは毎回2つずつの三振を奪いながら1安打に抑えていた。そして7回に2年生の三番知田爽汰のタイムリー、９回にも安打の東海林航介を二番有松和輝が右中間三塁打で帰して3点リードとした。

そして、最後まで全く危なげのなかった奥川は終わってみたら毎回の17三振を奪い３安打完封という快投で勝利した。

完敗を認めた履正社岡田龍生監督は、「大阪桐蔭の藤浪君や柿木君、根尾君は高校時代もう少しコントロールがアバウトだった。奥川君はほとんど球が狙ったところへ来ていた。低めに１４０キロ台後半を出されて変化球も切れていたら、今の段階では打てない。これまで対戦した中で一番の投手」と絶賛していた。

この日の奥川は、球速表示では最速１５２を記録していた。

▽2回戦
習志野　０００　１００　１０１＝３
星　稜　０１０　０００　０００＝１
初戦の優勝候補対決を制した星稜。しかも、奥川が絶好調の完封勝利で、そのまま進撃かと思われた。ところが、2回戦で習志野に屈する。

先制したのは星稜だった。意表を突いた習志野の下手投げ技巧派から先取点を奪ったものの、その後にリリーフしてきた飯塚投手を攻略出来なかった。そして奥川が4回に捕まり3安打で1失点。同点とされる。7回に失策で逆転され、9回には相手八番打者に出会いがしら的に左翼スタンドへ運ばれた。

そして星稜は5回一死二塁、7回一死二塁も得点出来ず、8回も一死から有松が二塁打したものの牽制で刺されるなど、もう一つ歯車がかみ合いきれなかった。

しかも試合後、相手にサイン盗みの行為があったのではないかと抗議したことの事後処理が、かえってマイナス要素となってしまった。林和成監督の執拗なまでの抗議も問題視された。そんなこともあって、星稜は初めてダークなイメージも背負わされて甲子園を去ることとなった。

死闘、智辯和歌山戦、延長14回を制した（第101回選手権大会）

センバツの敗退後、林監督の指導自粛などの曲折はあったものの、星稜はその間にもチームとしての成長は遂げていた。そして、奥川投手を擁して順当に、101回目の夏、甲子園に出場してきた（第一章参照）。

◎2019（令和元）年夏＝第101回選手権大会
▽1回戦
星　稜　010　000　000＝1
旭川大高　000　000　000＝0

大会2日目の第3試合に登場した星稜。奥川もベストの状態に調整してきていた。打線は2回に1点を奪ったが、その1点だけでも奥川は危なげなかった。

三塁を踏ませない好投で、3安打完封。最速153キロをマークして、9三振を奪い走者を二塁まで進めたのも2回に一度あったのみ。投球数は94球で、四球は一つだけ。スタミナ温存という意味からも、効率のいい投球だった。ただ、相手投手も出来がよかったとはいえ、打線が9安打で1点のみというのが、いくらか気がかりなところだろうか。

▽2回戦

星　　稜　010　103　010＝6
立命館宇治　000　003　000＝3

星稜は2年生の荻原吟哉が先発。責任の5回を投げて、二番手の寺西成騎につないだ。これがやや誤算で捕まったが、ここで奥川がリリーフしてきちっと抑えている。そして最後は寺沢孝多が締めた。

中5日の登板となった奥川は、打者10人に対して39球を投げている。2安打1四球で3三振。無難な内容だった。

▽3回戦

智辯和歌山　000　001　000　000　00＝1
星　　稜　000　100　000　000　03X＝4（延長14回タイブレーク）

ベスト8が決まる3回戦8試合の中でも、一番の好カードと注目された試合。毎年強力打線が看板の智辯和歌山である。3年連続24回目の出場の常連校だが、この夏も8点、7点と奪ってここまで勝ち上がってきている。2回戦の明徳義塾との試合では1イニングに3本の本塁打を放つ破壊力を示していた。だから、試合前から見どころとしては当然のこととして、「奥川投手vs智辯和歌山打線」ということになった。

強打智辯和歌山に対して奥川は9回を投げて3安打1失点に抑えていた。しかし、星稜打線も毎回のように安打は出るものの単発で4回に山瀬の中犠飛でもぎ取った1点のみという形でそのまま延長戦に突入した。延長に入っても、得点が入りそうな気配がないまま12回まで終了して、試合は大会規定で今大会では初めてのタイブレークとなった。星稜としては、前年夏に続いて2年連続のタイブレークということになった。これも、非常に珍しいことである。

しかし、13回にもお互いバントを三塁で刺すなどで得点が入りそうな気配がない。そして迎えた14回。奥川は右足の痙攣を抑えながらの力投となった。それでも、気力で3人を抑える。そしてその裏、一死後星稜の六番福本陽生が左中間スタンドに打ち込んでサヨナラ3ランとなった。

「心は何度も折れそうになっていた。だけど、折れたら負けてしまうと思った。諦めそうなところで自分を鼓舞しながら投げられた」

試合後のインタビューでそう答えていた奥川。165球を投げ切ったのは精神的な成長が大きかったということを自身も感じていた。三振も、14イニングで23個も奪うというすさまじい内容だった。最後まで、その球威が衰えなかったことで、スタミナも十分にあるのだということも、改めて示すことにもなった。

試合後の挨拶、校歌斉唱では、奥川は涙を流していた。「本気で日本一を目指してくれ」と、試合後の挨拶の際に智辯和歌山の選手に言われた言葉で、自分の思いの感情と重なってそれが涙という形になって表れたのである。それだけ激闘だったということなのだ。

星稜は、24年ぶりにベスト8へ進出を果たした。

決勝戦の履正社戦、同点としたもののあとが……（第101回選手権大会）

3回戦では、まさに死闘を制した星稜。連戦となった準々決勝は過去、甲子園で春夏通じて3度決勝で敗退しているという歴史のある仙台育英だ。北陸勢悲願の全国制覇を託された星稜と同じく、東北勢悲願の全国制覇を託されている強豪校だ。そして、その後は中1日ずつ休養日は入るものの、深紅の大優勝旗目指してより厳しい戦いが続いてくこととなる。まさにサバイバルロードが待っている。

▽準々決勝戦
星　稜　053　000　144＝17
仙台育英　000　100　000＝1

この試合の星稜は最初から奥川抜きで戦うこととしていた。林監督としても、日本一を目指していく中で、決勝から逆算して考えると、どうしてもここで奥川を休ませておきたいところである。しかも、前日は極めてタフな戦いで165球も投げている。

何とか奥川を休ませて次のステージへ進みたいという星稜は、打線が気を吐いた。2回に、この大会初スタメンに起用された二番今井秀輔が満塁本塁打して勢いづけた。結局、星稜が4本塁打を含めて22安打を放ち17対1と仙台育英を圧倒した。「次につなげてもらって嬉しい」と、奥川も素直に喜びを表していた。

▽準決勝戦
中京学院大中京000　000　000＝0

星　稜　114　000　03X＝9

智辯和歌山との激闘から中2日で、この試合は奥川恭伸が、林和成監督に「投げられますから、（準決勝は）投げたいです」と志願の先発となった。もちろん、完全に疲労が抜けているという状態ではなかったであろうが、ここはあと2つ。ここまでチームを背負ってきたエースとしても、決勝への舞台の掛かった大事な試合のマウンドを他の投手に譲るわけにはいかないという思いもあったであろう。

そんな奥川を楽にしてあげたいという星稜打線は序盤から積極的だった。初回、2回と1点ずつを奪って3回、星稜は奥川とバッテリーを組む山瀬慎之助の2点タイムリーなどで4点を追加。トータル11安打で9点を奪い快勝した。奥川は7イニングを投げて2安打10三振を奪って、寺沢孝多にマウンドを譲った。この日の最速は153キロだった。

奥川はここまで投球回数は32回3分の1で385球を投げていた。三振は45個奪っているので、投球回数よりも多い三振奪取ということになる。そして、驚くのは与四球5という制球のよさもさることながら失点1、自責点は0という記録である。

そして、決勝戦に向けても、「次につながったので、すごくホッとしています。点数をたくさん取ってもらったので、楽に投げられた」と喜びを表していた。そして、投球しながら「ビッグイニングを作らせない」ということを心掛けていたという。やはり、中京学院大中京が3回戦で、優勝候補筆頭とまで言われていた東海大相模に対して7回に一挙7点を奪うというビッグイニングを作る爆発力があったことを警戒していたようだ。また、そうした状況をしっかり判断して自分に心掛けていくというところにも、奥川のメンタル部分での強さも感じられる。

そして、「(球数が)少なく終わることが出来たのはよかった。決勝につながる投球になった」ということを、ことのほか喜んでいた。

これで星稜としても、石川県勢としても24年ぶりの決勝進出となった。

▽決勝戦

履正社　003　000　020＝5
星　稜　010　000　200＝3

中1日空けての決勝戦。泣いても笑っても、甲子園ラストゲームである。

この春のセンバツ初戦で奥川が好投して快勝した相手履正社との再戦となった。履正社は春の負け以降「打倒星稜、打倒奥川」を掲げてチームを再成長させてきていた。履正社は同じ大阪府内の強豪大阪桐蔭としのぎを削り合ってきているが、春に2度準優勝を果たしているものの、全国制覇はまだ一度もない。そういう意味では、2度の春夏連覇など8回日本一となっている大阪桐蔭とはまだまだ差が開いている。それだけに、この夏は、何とかして日本一に着きたい。その執念は星稜に勝るとも劣らないものだった。

星稜が2回に先制して星稜カラーとも言える真黄色に染まったアルプススタンドは大いに沸いた。早くもボルテージは頂点に達しているかのようだった。

しかし履正社はその直後の3回、4番打者の井上広大が3ランを放って逆転。春＝3安打完封負けしている履正社。井上は2三振で無安打。四番打者として自分の不甲斐なさを悔しがった男である。

この一発で履正社の流れになっていきかかった。それでも以降は奥川も踏ん張った。精神的にもプレッシャーの大きい甲子園で5試合目となる奥川。疲労も完全にはとれておらずベストの状態ではないものの、それでもベストピッチでこらえていた。

そんな奥川の粘りに応えるべく星稜打線は7回、山瀬の二塁打と知田のタイムリー打で同点とする。苦しい展開で同点に追いついて、もうアルプススタンドは、今にも崩れ落ちてくるのではないかというくらいの大騒ぎとなった。

地元大阪の履正社が相手だが、甲子園のスタンドはそれ以上に星稜への声援の方が大きくなっていた。スタンドの声援では、イーブン以上だった。そして何より、星稜の真黄色に染まったアルプススタンドは、大きな後押しにもなっていたであろう。

ところが、履正社はやはり底力があった。同点とされた直後に、またまた奥川を捉えて、2点をもぎ取った。履正社は、センバツでの負けから、「（奥川のような）こういう投手を打ち込まなくては、日本一にはなれない」という思いで打撃力を磨いてきた。まさに、その成果を発揮したと言っていいであろう。

結局この2点が重く、星稜にのしかかった。星稜打線は、履正社の2人目2年生の岩崎峻典投手を攻略しきれなかった。

こうして星稜は、悲願の全国制覇に一瞬手が届きそうになりながらも、あと一つの壁に泣かされた。

奥川は127球を投げて完投。11安打を打たれて5失点だった。奪った三振も6にとどまった。それでも、「上の舞台で野球をやりたいと思っています。もっと大きくなった姿で（甲子園球場に）戻って来たい」と、将来のステージを描いていると取材に対しては胸を張って答えていた。

この夏、奥川の甲子園での全投球は5試合で41回3分の1。球数としては、512球を投げている。被安打は21、与四死球7。奪三振51で失点6、自責点5という数字が残った。

優勝投手にはなれなかったものの、奥川に対する評価はむしろ、上がったと言ってもいいであろう。何はともあれ、甲子園という大舞台で4万4千人の大観衆の前で最後まで自分の投球が出来たということが評価された。

星稜のOBでもある、元中日の投手で地元スポーツ紙の評論家として活動している小松辰雄氏はこう評価していた。

「奥川はさすがに疲れが見えた。準決勝までと比べるとボールが全体的に高かった。点の取られ方も悪かった。……（中略）……決勝では5点取られたが、奥川は今の力で十分にプロのローテーション投手として通用する。スピード、コントロール、ボールの切れ、どれをとっても文句なし。あれだけの投球が出来る投手は、プロでもそんなにはいない。二桁は勝てる。

自分を信じて

第101回全国高校野球準決勝の中京学院中京戦で7回2安打無失点10奪三振で快投。星稜を24年ぶりの決勝へ導いた。さわやかな笑顔も魅力の一つだ。

何より魅力的なのは真っすぐの速さ、そして空振りが取れることだ。スピードが出ても空振りが取れない投手もいる。奥川の真っすぐは手元での伸びがあるから、空振りを取れるのだ。

フォーム的には少し上体の高いところがある。ただ、最近は上体の高い投手が多い。気にするほどではない。ただ、もう少し下半身を踏ん張るような使い方が出来れば、球威はもっと増すだろう。走者を出すとギアが上がるし、伸びしろも大きいと思う」（2019年「中日スポーツ」8月23日）

第三章

佐々木朗希がいた大船渡

東日本大震災で被災、陸前高田市から大船渡市へ

２００１（平成13）年11月3日に佐々木朗希は陸前高田市で生まれている。そして、その街ですくすくと大きく育っていった。ところで、〝朗希〟という名前は、幼少期に3つ上の兄・流希さんが夢中になっていた『百獣戦隊ガオレンジャー』に登場する絶大な戦闘力の悪役〝狼鬼（ロウキ）〟から命名された、と報じられている。

野球は高田小3年生の時から本格的に始めている。兄の影響もあったが、父親の功太さんがキャッチボールで球を受けたりしていく中で、「朗希はすごい」と、すでに我が子の投手としての能力の高さに気づいていたという。ところが、２０１１（平成23）年の東日本大震災で被災して、功太さんは37歳の若さで他界している。そのこともあって、佐々木は小学4年生の時に大船渡市へ引っ越して、猪川小に転校を余儀なくされている。

佐々木が野球選手として県内で名の知られた存在となったのは、進学した大船渡一中で軟式野球部に所属し、オール気仙（ＫＷＢボールの選抜チーム）で東北大会に進出して準優勝してからである。中学3年生で球速１４０キロを投げられるということで、逸

材という評価を得た。それに身体も大きくなってきており、大型の本格派投手という触れ込みになっていた。当然、県内外の強豪私立高校からもいくつか声がかかってきた。しかし、佐々木本人としては、中学時代から一緒にやってきた仲間と、高校でも野球を続けたいという気持ちの方が勝《まさ》っていた。

そんな思いもあって、地元の公立校である大船渡高校に進学した。

それほど層の厚くない大船渡の野球部ということもあったかもしれないが、1年夏から佐々木はベンチ入りしている。もっとも、この段階ではまだ今のように全国的にスポットを浴びるという存在ではなかった。それでも、関係者の間では、「大船渡に1年生で、随分速い球を投げる背の高い投手がいる」ということは評判になっていた。

その衝撃的なデビューは、当時のスポーツ新聞でこう伝えられていた。

「『衝撃デビュー！　大船渡1年佐々木が147キロ』

大船渡の1年生右腕・佐々木朗希が、8回2死二、三塁から公式戦初登板。投じたストレート14球すべてが140キロ台を計測して、1回3分の1を無安打無失点、3つの三振を奪った。8回は1点差に詰め寄られ、一打同点、逆転のピンチで登場。145キロの速球で空振り三振に仕留めた。9回には自己最速の147キロをマーク。軟式野球部に所属していた大船渡一中では最速141キロを誇り、県内でも能力の高さは知られていた。『中学の野球が楽しくて。その仲間と一緒に甲子園に行きたい』と強豪私学には進学せず、地元の大船渡を選んだ。11年東日本大震災の津波被害で、岩手県陸前高田市の自宅を流され、大船渡に移り住んだ苦労や、震災後の苦しさも味わっている」（2017年「日刊スポーツ」7月8日）

ちなみに、佐々木朗希が下級生時代の大船渡は大会での成績はどうだったのかというと以下のようになっている。

◎1年（2017年）第99回選手権岩手大会
2回戦　大船渡5―3盛岡北／3回戦　大船渡2―3花巻南
◎1年（2017年）秋季大会
▽沿岸南地区予選
1回戦　大船渡3―2釜石商工／2回戦　大船渡8―0住田／第一代表決定戦　大船渡5―4釜石
▽岩手県大会

2回戦（1回戦はシード）大船渡0―4盛岡中央

この段階では、チームそのものがそれほど上位に残っていないということもあり、夏の岩手大会で147キロをマークした大船渡の1年生投手という存在も、忘れかかっていたとも言えよう。もちろん、対戦校などは、「背が高い、速い球を投げるヤツが大船渡にいるぞ」という認識はあったはずだ。「夏の大会で1年生なのに147キロを出したらしいぞ」ということも伝わっていたはずである。とはいえ、まだまだ未完成で素材力だけという感じであったのだろう。チームそのものも、攻撃力を含めて、勝ち上がっていくには力不足だったということも否めない状態だった。

◎2年（2018年）春季大会

▽沿岸南地区予選

2回戦　大船渡9―2大船渡東／第一代表決定戦　大船渡9―7釜石

▽岩手県大会

1回戦　大船渡2―3盛岡中央

県大会では2大会連続で同じ相手に敗れて、勝ててはいないものの、この段階で大船渡の佐々木投手は、快速の2年生右腕投手として、専門誌などでは評価をされ始めていた。地区別の注目選手の一人にも挙げられていた。
「佐々木朗希投手（大船渡2年）　投げるたびに成長した姿を見せている。昨夏147キロを出すと冬を越えた県1回戦で投じた直球が152キロを計測。9三振を奪うもまだ精度の低い変化球を狙われて敗れた（後略）」（『報知高校野球』2018年7月号）
まだ、ストレートの力だけに頼っている投球だったようだ。
なお、この段階では189㎝81㎏と紹介されているので、その後に身体そのものも一回り大きくなったと言えよう。ただ、この頃から「伸びしろは大いにありそうで能力は高い」という評価は受けていた。

◎2年（2018年）第100回記念岩手大会
2回戦　大船渡11―2盛岡三／3回戦　大船渡2―3西和賀
結局、3回戦の西和賀との試合では、佐々木は登板する機会がなかった。そして、チームも敗退して、特に上位へ進出することもなかった。それでも、「150キロ右腕の佐々木が投げるかもしれない」ということで、多くのメディア、スカウトは球場に集まっていた。とはいえ、夏の大会は、やはり敗れた段階で多くの人の注目から外れていく。だから、佐々木そのものもそこまで目立つことなく、この年の夏は、それほど騒がれないまま新チームの練習に取り組んでいくことが出来た。逆に、そのことで、じっくりと鍛えられる時間を作ることが出来たのかもしれない。

こうして、甲子園へ向けてのラストチャンスとして、高校野球選手として最後の1年を過ごすことになった。

2年生の秋、一躍スポットライトを浴びた

佐々木朗希がメディアを含めた場で広く注目される存在となったのは、大船渡の2年生としての秋季大会からだった。そこまでは、前述の通り「190㎝の背の高い本格派の投手が大船渡にいて、球もかなり速いぞ」という程度の認知度だった。それでも、逸材を求めて動いているプロ野球のスカウト陣にはその名前は認知されてはいた。ことに、身長があるということは、何物にも替えられない素質でもあった。

夏休みの練習を経て、秋季大会が始まった。

県大会出場を賭けた沿岸南地区予選では、大船渡は1回戦では大船渡東に16対0で大勝。勝てば県大会出場決定となる2回戦では高田に11対3。そして、シード権を得られる第一代表決定戦でも釜石商工に12対0。この地区では、敵なしという形で圧倒していた。確実にチームも力をつけていたのだ。

秋季大会はチームのキャリアが浅いということもあって、一人でも力のある投手がいたら、ある程度は勝つだろうと言われている。だから佐々木がいる大船渡も花巻東、盛岡大附の2強に次いで専大北上や一関学院などとともに、ダークホース的存在と言われていた。地元メディアなどの予想でも、「大船渡は佐々木が力を発揮すれば、東北地区大会出場もありうる」とされていた。

注目の岩手県大会、1回戦では盛岡三に5対0で完封勝利している。この時の様子は、次のように報じられている。

「大船渡の佐々木が16日、秋季岩手県大会1回戦の盛岡三戦（森山総合公園）で自己最速を3キロ更新。済美・安楽智大がマークした2年生投手史上最速とされる157キロに並んだ。衝撃の瞬間は初回だ。2死満塁、6番打者を二ゴロに打ち取った5球目に157キロをマーク。9回を6安打、11三振完封。視察したプロ7球団のスカウトも軒並み高評価だ。楽天・宮越スカウトが『まだ体ができていないのにこの球。伸びしろがある』と話せば、広島・近藤スカウトは『同じ時期の大谷（現エンゼルス）より速い』。メジャー2球団の関係者も球場を訪れた。2回裏には、誤表示ではあるが、球場表示で163キロ。変化球だったため、超満員の観客からは『こりゃあ、うそだろ』。157キロ同様に、どよめきが起こった」（2017年「スポーツ報知」9月17日）

県大会の初戦でスピード表示として157キロを出したことで、まずは関係者の間で一躍注目される存在となった。一気に佐々木朗希が注目の投手としてクローズアップされたと言っていいだろう。「いささか荒れ気味でも球の速い大型投手」というのは、実はプロのスカウトとしては一番育て甲斐のある逸材でもあるのだ。スカウトが動くことでメディア関係者も動く。

こうして、徐々に「みちのくの怪腕」として佐々木朗希が認知されていった。

2回戦は一戸との試合となったが、11対1と7回コールドで勝利してベスト8に進出。準々決勝では黒沢尻北を4対1で下してベスト4に進出した。準決勝で勝てばまずは、来春への期待の繋がる東北地区大会進出が果たせる。

相手は県内2強の一つ盛岡大附だった。注目の準決勝となった。

大船渡は満を持して佐々木が先発したが、初回に2点を先制される。反撃したい大船渡は、すぐに2回に4点を挙げて逆転した。しかし、4回に追いつかれると、5回に再逆転される。それでも、6回に再度追いつくというシーソーゲームの展開となった。結局、7回に2点を奪われて敗れた。速球対策を練ってきた盛岡大附は積極的に佐々木の速球に食いついて4本の長打を放った。

東北地区大会へ進出への最後の1枠の3位決定戦では大船渡は、専大北上との戦いとなったが、乱戦の展開だった。佐々木は1点リードの8回無死二塁から救援したが、逆転を許して10対11で敗れて4位となり東北地区大会進出を逃した。センバツ出場が厳しくなったものの、公立校でもあり、佐々木朗希という目玉になる選手がいるということで、21世紀枠での選出の可能性もあるのではないかと期待された。

ところが、岩手県高野連から21世紀枠の県推薦校として選ばれたのは、同じ公立校でベスト8に進出していた千厩《せんまや》だった。これで、大船渡の35年ぶりのセンバツ出場の夢は完全に絶たれた。

なお、準決勝で佐々木を攻略した盛岡大附は、その後は県大会を制して東北地区大会に出場。そこでも、準優勝を果たして翌年のセンバツに選出されている。

メディアの評価が先行していく中での春季大会

佐々木朗希の甲子園のチャンスは、最後の夏の大会のみとなった。

センバツ出場はならなかったが、前述の通り秋季大会を通じて佐々木の存在は広く知られていくようになってきていた。そして、佐々木の身体的な数字も190㎝86㎏と公表されていた。明らかに一回り大きくなって逞しくなり、サイズも大きくなったことで、パワーアップもしてきている。そんな佐々木が、どれだけのスピードボールを投げるのだろうかという期待感はますます高くなってきていた。

しっかりと走り込んだことで足腰も鍛え上げられて強くなっていたので、球速も確実に増しているはずである。実際、ユニフォームも下半身はパツパツになってしまうくらい下半身は成長していた。そんなこともあって推測と期待も込めて、そのことがスポーツ紙などでも話題となっていた。

さらには、同じ岩手県出身で日本のプロ野球を経て、メジャーリーグで活躍している大谷翔平や菊池雄星らにもなぞらえて、「岩手県からは世界で活躍出来る逸材が誕生する」という煽りも増してきた。こうして〝佐々木朗希〟という存在はよりクローズアップされていった。

そして、その期待に応えたのが、その春に召集されたU－18日本代表候補の合宿練習である。スピード表示で163キロを記録したことで、一躍「163キロ右腕」として今春以降、高校野球ファンだけでなくスポーツ界で広く知られるようになった。ちなみにそれまでの高校生の最速記録は、大谷翔平の160キロだった。

奈良県内でのU－18高校日本代表候補合宿で163キロをマークする数日前、この年初めて実戦に登板した作新学院との練習試合で156キロを出してまずは周囲を驚かせている。まだ、肩が完全に出来上がっていない春先で、高校生がこの球速というのは、日本だけではなく、メジャーのスカウト陣らにも衝撃を与えていた。

そんな様子をスポーツ誌も報じていた。

「高校日本代表合宿に参加している佐々木は6日、奈良県内で行われた実戦形式のケース打撃登板。2人目の横浜・内海貴斗へ投じた3球目に、中日スカウトのスピードガンで163キロを計時した。その後もさらに2度の160キロ台をマーク。6者連続三振を奪った。25球中、14球投げた直球は全て154キロ以上。160キロ台を4度も計測し、平均は約157キロと驚異的だった。ネット裏には日米12球団46人のスカウトが集結。ソフトバンクの永井智浩スカウト部長は『12球団競合でしょう。プロ史上一番の投手になるかも』と最大級の評価を与えた。佐々木も『プロ一本で国内です』と進路を決めている」（2019年「スポーツニッポン」4月7日）

「巨人・長谷川国利スカウト部長は『松坂でもマー君でも前には飛んでいた。（史上）一番です。（今秋ドラフトは）12球団が（1位で）いって（外れた11球団で）やり直しになるかもね』と史上初の12球団競合の可能性を指摘。楽天・福田プロアマスカウトアドバイザーが『今まで見た最高のピッチャー。筋肉で投げているわけではないのがいい。大谷より衝撃的。江川（卓）君よりすごい』と評すれば、西武・潮崎編成グループディレクターは『スタミナとかそういうのは（松坂）大輔の方があったと思うけど、能力的にはさらに上をいってるんじゃないかな』」（2019年「スポーツ報知」4月7日）

この合宿で、実際に佐々木の投球を目の当たりにして奥川自身も、こんな感想を述べていた。

「実際に真っすぐが速いだけではなく、どの変化球も精度が高い。それに何より、ボディーパワーがすごいし、考え方もしっかりとしているのもすごい」

と、同世代のライバルとして一目置いてリスペクトしているということを表していた。球速に関しては、佐々木自身はこんなことも言っている。

「163キロは、1回でも出せば記録として残るので、自分の投球に集中出来るようになった」

つまり、最速記録を樹立したことで、むしろ球速にこだわらなくてもすむようになったということである。このあたりも、奥川が「考え方もしっかりとしている」と評価しているところではないだろうか。

かつて、〝平成の怪物〟と言われた松坂大輔（西武→MLB→中日）を育てた渡辺元智横浜高校前監督は、松坂と比較して専門誌でこう語っている。

「松坂は入学直後は速いな、重いボールだなという印象はあったけれども、制球力がなかった。それが、スローカーブの投げ方を使ってストレートを磨いていき、ひねるのではなく滑らすスライダーを習得した。佐々木君は、身長がありながらバランスが悪くならず柔らかく肘が上がって沈んで、フィニッシュでも鞭のように腕が振れている。言うならば投手として理想的なフォームで投げている」（『報知高校野球』2019年7月号）

こうした大絶賛を浴びた佐々木が代表候補合宿から戻ってきた。そして、いよいよ大船渡高校野球部としても、35年ぶりの甲子園出場を見据えての戦いとなる。まずは、夏の選手権大会の前哨戦となる、春季大会に挑むこととなった。上位進出を果たせばシード校となり、夏の日程消化という点からも有利な位置に立てる。

県大会出場を賭けた沿岸南地区予選2回戦で住田との試合に佐々木は「四番・投手」として出場。力の差もあり大船渡は17対2で大勝するが、佐々木は3回1安打無失点という内容だった。スカウトが持参したスピードガンでの最速は139キロだった。

試合後、囲み取材を受けた佐々木は、「4、5割程度の力で投げた」と語っている。実は4月中旬に受けた体組織の数値測定で「骨密度」の数値が低く、「骨や靱帯、関節などが（球速に）耐え得る大人の体ではない」ということを国保陽平監督はこの時に述べている。

国保監督の、最後の夏の決断は、実はこの時のことが頭にあったからなのではないだろうか。

第一代表決定戦も7対0と快勝して県大会に進んだ大船渡。

注目の春季岩手県大会は、1回戦から超満員となった。佐々木見たさに多くの人が集まったのだが、この試合では「四番・右翼手」での出場だった。そして試合は、大船渡が釜石に延長10回4対5でサヨナラ負けしている。最後まで、佐々木はマウンドに立つことはなかった。試合展開は先発した大船渡の和田吟太投手が踏ん張り、打線も徐々に盛り返していった。結果としては敗れたのだが、夏の大会を想定すれば、ここで佐々木に次ぐもう一人の投手を成長させておかなくてはいけないというのは、国保監督としても当然の考え方であっただろう。

ラストチャンスの夏、甲子園をめざす戦いが始まった

大船渡は1984（昭和59）年に春夏連続で甲子園出場（第五章参照）しているが、その年以降の甲子園出場はない。それでも佐々木朗希は「公立高校でも頑張れば甲子園に行けるというのを見せたい」という思いで大船渡に進学している。そして、そのラストチャンスの夏がやってきたのだ。

初戦の相手は遠野緑峰。ノーシードの大船渡は甲子園に出場するには6試合を勝ち抜く必要があるという組み合わせになった。

大船渡の初戦は7月16日に花巻市の花巻球場で行われた。球場は平日にもかかわらず約３５００人が詰めかけて、観客席はいっぱいとなり立ち見が出るほどになった。３回からは、普段は開放していない外野席にも人を誘導することとなった。岩手大会の序盤戦としては、異例と言ってもいいくらいの熱気に沸いた。初戦でもあり、佐々木も先発した。こうして剛腕の高校最後の夏が幕を開けたのである。

佐々木は初回に、この日の最速となる１４７キロをマークしている。2イニングを完璧に封じてマウンドを降りた。１９０㎝の長身から繰り出す速球がミットに収まるたびにどよめきが起こるというものだった。佐々木は、打者としても先制の2点三塁打を放つなど大黒柱ぶりを示した。

この日の大船渡は第2試合（午前11時半試合開始予定）の登場だった。しかし、球場周囲には7時半には１００人近い行列が出来始めていた。報道陣も県内外の約40社70人以上が集まってきてごった返した。試合後には室内練習場で異例の大船渡の単独インタビューの時間を設けるなど、県高野連としても対応に汗だくだった。

「大きな問題がなく終わりまずはホッとしている。（3回戦以降も）万全の態勢でいきたい」

県高野連の南舘秀昭会長のコメントが、その大変さを表していたとも言えようか。

大船渡の次戦、3回戦は一戸に10対0で6回コールド勝ちして、4回戦へ進んだ。佐々木は、6回を無安打無失点に抑えて13三振を奪っている。酷暑の中で、いかに体力消耗を防いでいくのかということも考えてみると、6回コールドゲームというのは、非常に効率のいい戦い方でもあったということになる。

4回戦は盛岡四が相手となった。盛岡四は春季県大会では準優勝をして花巻東に次ぐ第二シードとしてこの大会に挑んでいた強豪だ。東北地区大会では、初戦で青森山田に敗れたとはいえ、チームとしてはステップアップして、この夏に照準を合わせてきている。しかも、佐々木のいる大船渡と対戦する可能性が高いという組み合わせになって、当然、この試合を最初のヤマとして捉えていたはずである。

試合は厳しい展開となった。

佐々木は21三振を奪ったが、194球を投げさせられ楽な投球ではなかった。「勝ちたい」という気持ちが強すぎたのか、それが球の力みにつながっていったようだ。2回に今大会初安打を浴びると、序盤に2度も連打されてピンチを招いている。

十分に対策を練ってきている盛岡四相手には、直球とスライダーだけではなかなか抑えきれない。今大会初の接戦となり、2回戦、3回戦よりも調子が落ちていることを自覚し、フォークを多投。全てを出し切って勝利を求めた。楽な投球ではなかった。

フォークは、ストレートやスライダーよりも、肘に負担のかかる投げ方になるが、そんなことは言っていられない展開となったのだ。2点をリードしているとはいえ、負けたら終わりの戦いである。これが夏の大会のトーナメントの厳しさでもあるのだ。ここまでやってきた、すべてを出し切って投げていかなくては、夢にまで描いていた、そして、「仲間と摑もう」と目指してきた甲子園は遠ざかってしまうのである。

盛岡四が2点を追う9回に、無死二、三塁の同点機をつくる。ここで、盛岡四の捕手でもある横山慶人は、粘ってフルカウントとする。「フルカウントなら、捕手は一番自信がある球を投げさせる」と読んで、直球に狙いを絞った。159キロの速球を鮮やかにはじき返して同点とした。

ついに佐々木が捉えられたのである。盛岡四も甲子園を狙う学校である。「岩手県で今年、甲子園を狙うのであれば、高校一番の快速投手佐々木を打ち崩さなくてはありえない」という思いで、170キロのマシンでストレート打ちは徹底してきたという。それが功を奏した一打でもあったのだ。盛岡四に、さらにバント安打もあって、大船渡は土俵際まで追い込まれた。

それでも、佐々木が何とか踏みとどまり、試合は延長戦にもつれ込んでいく。

そして延長12回、状況によってはタイブレークになっていくという場面だった。四番打者としての佐々木が自らのバットで、決着をつける2ランを放ったのだ。

「注目を浴びる剛球投手が相手打線を抑えながら、最後に打たれて同点とされて延長になる。試合の流れとしては、どちらかと言うと不利な展開になりながらも、最後は自分のバットで、しかもホームランで決着をつける」

まるで野球漫画の主人公みたいなことをやってのけたのである。

佐々木自身も、そんなスペシャルシーンに感動したのか、試合後は涙を流していた。

この日が、今大会で初めて見せた全力投球だったかもしれない。200球近い球数は、肘の疲労ということを考えれば、限界だったかもしれないが。何とか勝ち上がったことで次へつながったのである。

「一戦一戦、最後の試合になるかもしれない」

これは、夏の地区大会を戦うすべての高校球児の思いでもある。そして、その思いは大会が進んでいけばいくほど、重くもなっていくものである。

甲子園への過酷なロードの中で

国保監督は、「佐々木なしでも、勝てるチームを作ることが、夏へ向けての課題」とも述べていたが、決勝までの戦いを考えれば、酷暑の中で、いかに体力消耗を防いでいくのかということも考えるのは、当然のことでもある。そして、「佐々木なしで戦って、勝ち上がって次へ進む」ということをイメージしていかなくてはいけないのだ。

盛岡四との激闘を経た大船渡。ベスト8が集結した準々決勝の相手は久慈となった。久慈は、県北地区の伝統校で1979（昭和54）年夏には甲子園出場も果たしている。この春も県大会ではベスト8まで進出してきている強豪である。

盛岡四との試合で、佐々木は194球を投げており、国保監督としては準々決勝は佐々木は登板せず、総力戦という形で戦っていくということを決めていた。

大船渡は、そのためにも春季大会で成長させた和田吟太と大和田健人という投手も控えていた。

この試合では、大和田が先発し、和田につなぐという流れになったが、大和田が好投して前半を0に抑え、大船渡は4回と6回に2点ずつを奪って4対0とリードしていた。しかし、6回に2点を返され、7回についに同点とされた。8回からは、和田がリリーフしたが、味方もなかなか点が取れないまま、またしても延長戦となる。

それでも、国保監督は準々決勝で「佐々木を完全に休ませる」という決断をしていたので、佐々木に頼らないで勝っていけるチームを目指したことの、成果を確認する場にもなった。「大船渡は、佐々木が投げて打つだけのワンマンチームにはしない」という思いも国保監督にはあった。

実際、飛び抜けた能力のあるエースで四番が存在する場合、一般的な高校野球チーム、ことに公立校では、その選手と心中覚悟というか、そこに頼り切って戦っていくようになる。そして、それで勝っていければ、他の選手も引き上げられていきながら、気がついたらチーム力も上がっている。そういう戦い方をしていくところが多い。というよりも、そうしていかざるを得ないのだ。

しかし、そこを敢えて打っちゃって、全体の底上げを図ったというところに、大船渡のチームとしての意識の高さは感じ取れる。

そして、その期待に応えてリリーフした和田が好投。延長11回で、何とか大船渡は勝った。当初の思惑通りに、佐々木の力を借りることなく、大船渡はベスト4進出を果たすことが出来たのだ。

次の準決勝の相手は一関工となった。

一関工は、大会前はどちらかというとノーマークとも言える存在だった。ところが、3回戦で2強の一角である盛岡大附を下したことで、勢いづいている。この試合に佐々木は「四番・投手」という、本来の位置で先発出場。甲子園出場まで、あと2つ。いよいよ、頂点が見えてきたというところで、満を持しての登板という形になった。内容も、2安打3四死球で毎回の15奪三振で完封している。

ここへきて万全の試合が出来た大船渡。ほぼ、危なげなく決勝進出を果たしたとも言えよう。

甲子園ストーリーとしても、注目されるヒーローが、途中苦しんだりしながらも、一つひとつステップアップしていく中で、紆余曲折も経てたどり着いていく。そんなシナリオになっているのではないかと思わせるくらいのものだった。

こうして大船渡は、ここまでは期待通りという形で花巻東との決勝戦へ駒を進めたのである。

迎えた、甲子園を賭けた花巻東との驚きの決勝戦

こうして迎えた岩手大会決勝。相手は甲子園の常連校にもなっている花巻東だ。かつて菊池雄星、大谷翔平という現在メジャーリーグで活躍するようになる選手を相次いで輩出している県内の最有力校だ。

ところが、その決勝戦ではエースで四番のはずの「佐々木」の名前がなかった。登板はおろか、四番打者でありながら野手としての名前もなかった。

◎第101回全国高校野球岩手大会（2019年7月25日・岩手県営野球場）
▽決勝戦
花巻東　２１１　０１４　２１０＝12
大船渡　１００　０００　００１＝２

試合は、佐々木対策で160キロの打撃マシンを打ち込んできたという花巻東が、本塁打を含む10安打で12対２と圧倒した。さらに、花巻東は６盗塁も記録して機動力でも

圧倒している。佐々木が登板しないということになると、近年の両校の実績等から見ても、ある意味では、なるべきスコアだったとも言えるかもしれない。

もっとも、佐々木投手が投げたらどうなっていたのかということはわからない。ただ、下馬評としても王者・花巻東に対して挑戦者・大船渡という構図であったことは確かだ。

この試合とこの年の岩手大会について地元の岩手日報では、こう伝えていた。

「全国高校野球選手権岩手大会は花巻東が制し、初めて2年連続で甲子園切符を手にした。

本県高校野球をけん引する花巻東。第1シードとして臨んだが初戦で苦戦を強いられた。しかし粘りと集中力でものにし、その後も試合巧者ぶりを発揮して勝ち上がった。

2桁の背番号の選手が多く活躍したように層の厚さが強みだ。チーム内競争で実力を伸ばし合った選手たちが、見事に起用に応えた。

甲子園で春準優勝、夏4強の実績を持ち、戦い方を知る同校。大舞台での活躍に期待したい。

全国から大きな注目を浴び続けたのは大船渡の佐々木朗希投手だった。『最速163キロ右腕』は今大会でも160キロをマークするなど圧巻の投球を披露し、野球ファンを驚嘆させた。

6回参考記録ながら無安打無得点を達成し、延長12回の熱投も。四番打者としても活躍し、チームを準優勝まで導いた。しかし、大船渡の躍進は1人によるものではない。全員野球の結実だ。

そのことをまさに実証したのが準々決勝だった。前日194球の熱投を繰り広げた佐々木投手は出場せず。試合は終盤に追いつかれ、サヨナラ負けのピンチも招いた。それでも、しのいで連日の延長戦をものにしたチームの結束力は見事だった。

休養をしっかり取ったことが、準決勝の好投につながった。だが、決勝戦で出場しなかったことは驚きをもって受け止められた。登板すれば連投になるとはいえ、あと一歩で甲子園だ。監督は『投げられる状態であったかもしれないが、私が判断した。理由としては故障を防ぐこと』と試合後に語った。

高校野球では連投などによる投手の肩、肘の負担が指摘されている。佐々木投手は将来の球界を背負う可能性を秘める選手だ。監督は佐々木投手の無念も受け止めつつ覚悟を決めたのだろう。

いろいろな意見はあろう。あるいは今回の出来事が、試合日程のあり方に一石を投じることになるかもしれない。

今大会は大船渡を含めて4強中3校を公立勢が占めた。一関工、黒沢尻工ともシードの私立校を撃破しての進出だった。私立と公立のさらなる切磋琢磨《せっさたくま》が本県のレベルを一層高めていくことになる。

過疎化、少子化で生徒数が減少。連合チームを組んで出場を果たすケースが続いている。練習は大変だが、参加出来る喜びは大きいだろう。

また、昨夏の連合チームから今夏は単独チームとして出場した葛巻や、13人ながら16強入りした花泉などの健闘も印象に残った。小規模校の励みになる」（2019年「岩手日報」7月26日）

結果としては、佐々木朗希が投げずして終わってしまった岩手大会決勝。そして、前評判で最も高かった花巻東が快勝して甲子園出場を決めた。

メンバー交換では「ビックリした」花巻東・佐々木洋監督

ここで、もう一度佐々木朗希が岩手大会決勝を迎えるまでの経緯を見てみよう。大会前から発表されていた日程では、岩手大会は7月24日が準決勝、翌日が決勝ということになっていた。近年、準決勝と決勝の間に1日休養日を作っているところもあるが、岩手大会の場合は連戦だった。

もっとも、「3連戦にはならないように配慮する」ということは大前提となっており、準々決勝と準決勝との間には1日間隔があいていた。本気で甲子園を目指す学校の場合、多くの監督は決勝戦の日から逆算しながら投手起用を考えていくということになる。当然、その途上で、ここはどんな相手になるのだろうかという読みも必要となる。トーナメントの夏の戦いはその読みも大事な要素となってくる。

ここに、ちょっと気になる記事があった。翌日の、日刊スポーツの記事である。

「温存の佐々木朗希ヒジに違和感…準決前医療班に訴え

最後の夏は、不完全燃焼で幕を閉じた。花巻東との決勝で、温存されたまま2対12と大敗した。24日の準決勝直前、県高野連の医療スタッフに、佐々木は右肘の内側に違和感を訴えていた。佐々木は『投げられる感覚でした。負けたことに悔いはある。自分が投げたから勝てたというわけじゃない。自分がここまで成長できた仲間に感謝です』と振り返った。ベンチスタートを国保陽平監督から伝えられたのは、当日の朝練習前だった。出番を待ったが、同監督は試合前から、ケガ予防を含めた将来も見据えて〝朗希抜き〟を決断していた」（2019年「日刊スポーツ」7月26日）

この報道によると、やはりどこか肘に違和感があったことは確かである。ただ、どうしたって連投になっていく夏の戦いである。ほとんどの投手が、多少なりとも、負荷がかかってきており、違和感といえば違和感があるというのはほとんどではないかという気もするのだが、正直ここでの登板回避という判断は今後も議論となっていくであろう。もっとも、将来の逸材を求めているプロ野球サイドとしては、概ねその判断は肯定していたようだ。

この日も国内6球団のスカウトが集結していた。中日の八木智哉スカウトは「日本の宝になる投手。彼の人生を考えれば（国保）監督の判断に敬意を表したい」と評価している。また巨人の柏田貴史スカウトは「甲子園では見られないけど、U―18日本代表もあるし、今後も注目したい」とコメントして、今後も注目していかなくてはいけない存在だということを公表している。

いずれにしても、こうしたことが、社会問題にまで発展していくのもまた、高校野球なのである。この問題の結論はさておき、こうした議論を展開していくことにも、高校野球の存在意義があるといっていい。

かつて菊池雄星や大谷翔平といった、現在はメジャーリーグでもバリバリの中心選手として活躍している逸材を輩出している花巻東。この夏の大船渡と決勝を争った相手でもあるが、その花巻東を２００１（平成13）年から率いている佐々木洋監督は、県内でも最も実績を挙げてきた監督という位置付けになってきている。その佐々木監督をして、決勝戦でのメンバー交換で、相手校のオーダー表を見て、最初の驚きは隠せなかったようだ。

それでも、「(佐々木君が）出てくる前に、とにかく叩いていこう。早めに点を取って有利に戦っていこう」という指示は出したと言う。

どちらかというといつも決勝の舞台では、スタンドも味方につけて戦えるという形の多かった花巻東。かつて菊池雄星や大谷翔平などを擁していたということもあったし、強豪私学ながらほとんどの選手が県内出身ということもあるからだ。しかし、この時だけはいささか様子が違っていた。

だから、決勝の相手が決まった段階で、「私立校対公立校という構図になるし、相手は被災地の学校でもあり、それを克服してきたということもある。まして、今年は〝令

もっと上をめざして

２０１９年４月６日、U-18W杯代表合宿の紅白戦で、
１６３キロのスピードを計測して、
日本中の野球ファンを驚かせた。
東北の佐々木から一躍全国区へ。

（写真は２０１９年６月30日　対秋田県由利高校戦）

和の怪物〟と言われている佐々木君もいるので、ちょっといつもとは違う雰囲気での戦いになっていくのかもしれないとは感じていた」と、ヒール役とは言わないまでも、例年とは異なっていささかアウェー状態に近いような雰囲気での戦いになるのではないかということは感じていたようだ。

それだけに、「決勝の先発メンバーを見た時は、ビックリした」というのは正直なところであろう。ただ、試合が始まってしまったら、「とにかく、勝たなくてはいけないという思いだけで夢中でしたから、スタンドの雰囲気とか、そんなことは感じていることもなかった」と言うように、ひたすら、佐々木投手が出てくる前までに点を取っていこうということに集中した。その結果として、12対2というスコアになったのだった。

第四章

悲運で注目を浴びてきた石川県星稜

小松辰雄、松井秀喜らスター選手を輩出した強豪

星稜高校の学校の歴史を見ると、1932（昭和7）年に前身となる明正高等簿記学校が創立されており、さらに50年に実践商と改称されている。そして、後に分離した実践第二が今の星稜ということになっている。その後、系列校として金沢経済大が設立されて、一時期その校名を冠した時代もあった。また、73年には系列中学も併設して、母体となる学校法人稲置学園は大きくなっていった。

やがて、再び「星稜」という校名で、それが定着してきて今日に至っている。

そして、星稜と言えばやはり野球部の存在が大きい。創部は1962（昭和37）年だが、やがて幾多の名勝負を演出していくことになる山下智茂監督が就任したのが67年。その3年後の70年に初めて北陸大会決勝に進出（当時は、1県1校ではないため、石川県は福井県と組んで北陸大会として争っていた。その後再編成して富山県と組み、78年の第60回記念大会より1県1校となる）。

さらにその2年後の72年夏（第54回大会）、星稜は初めて北陸大会を制して甲子園初

出場を果たす。甲子園でも、初戦で北見工（北北海道）を8対3で下して初勝利も経験。2回戦ではこの大会で準優勝することになる柳井（山口）に1対5で敗れる。これが、その後いくつかのドラマを残していくことになる星稜の最初の甲子園である。

ただ、当時はまだ、「石川県から出場してきたフレッシュな私立校」という印象だった。当時の石川県の高校野球では、同じ私立校としては相撲部なども強豪として知られていた金沢が先行していた。また、勢力構図としては、どちらかと言うと金沢桜丘、金沢泉丘に金沢商といった戦前からの伝統のある公立校がリードしていた。

それに、北陸地区そのものが、まだ全国的には、必ずしも高いレベルにあるわけではなかった。だから、多くの関係者や地元の人たちも「甲子園で一つ勝てれば御の字」というのが現実だった。そんな時代に、石川の星稜が一躍世間の注目を浴びることになったのは、初出場から4年目。2度目の甲子園出場となった76年夏である。

この年の星稜には、2年生ながら小松辰雄（中日）という豪速球を投げる投手がいた。その小松投手を擁して2度目の出場を果たした星稜。初戦で小松投手は東東京代表の日体荏原（現日体大荏原）を2安打完封して2対0で勝利。3回戦では優勝候補の一角とも言われた天理（奈良）に小松が投げ勝って3対2。さらに準々決勝では大会屈指の好投手の一人と言われていた赤嶺賢勇（巨人）擁する豊見城（沖縄）に1対0の完封勝利。こうして、石川県勢としては初めてのベスト4に進出した。

当時、世間に出始めたばかりのスピードガンで小松の球速が測られて145キロとも150キロとも言われたことも話題となった。高校生最速ということで、「星稜に剛腕あり」と知られる存在になった。いずれにしてもその豪速球は世間の注目を浴びたとともに、石川の地から現れた星稜が、強烈にインパクトを与える存在となっていた。

注目された準決勝では松本吉啓投手（明治大を経てその後、千葉経済大附監督など）を擁する桜美林に屈する。しかし、「星稜」という校名と当時では珍しかった地色が薄い卵色（色合いは年によって若干濃淡に違いがあるようだ）の漢字で鮮明な青色で縦書きのユニフォームとともに強く高校野球のファンに印象づけられた。

小松投手の出現が、その最初の年となったのだ。

2年生だった小松が残った星稜は翌年も、春夏連続出場を果たす。星稜としては77年に初めて、春のセンバツにも出場することになったのだ。しかし、その年はいずれも初戦で敗退している。春は兵庫の滝川と、そして夏は奈良の智弁学園という、いずれも近畿の強豪と当ったのも不運だった。それでも、智弁学園との試合では山口哲治投手（近鉄）と投げ合い、1対2で敗れるものの、この投手戦は「目の肥えた玄人受けする好投手戦」と高く評価された。

小松は、その年のドラフトで中日から2位指名を受けて入団。2年目からは、抑えの切り札となった。そして83年に先発要員となり、85年には17勝で最多勝と防御率1位で沢村賞も獲得している。プロ野球で実働17年間、中日一筋で活躍。432試合に登板して通算122勝102敗、50セーブという記録が残っている。

なお、星稜からはその後、2019年現在までで17人の選手がプロ野球に進んでいるが、小松辰雄はその第一号である。

（星稜からプロ入りした選手の表　入る）

小松辰雄（中日ドラゴンズ）

北　安博（横浜大洋ホエールズ→日本ハムファイターズ）

音　重鎮（名商大を経て、中日ドラゴンズ→広島東洋カープ→中日ドラゴンズ））

湯上谷宏（南海ホークス・福岡ダイエーホークス）

鈴木　望（駒澤大を経て、読売ジャイアンツ→日本ハムファイターズ）

村田勝喜（福岡ダイエーホークス→西武ライオンズ→中日ドラゴンズ）
村松有人（福岡ダイエーホークス→オリックス・バファローズ→福岡ソフトバンクホークス。アテネ五輪での日本代表）
松井秀喜（読売ジャイアンツ→MLBニューヨーク・ヤンキース→→ロサンゼルス・エンゼルス→オークランド・アスレチックス→タンパベイ・レイズ。国民栄誉賞受賞）
山本省吾（慶應義塾大を経て、大阪近鉄バファローズ→オリックス・バファローズ→横浜DeNAベイスターズ→福岡ソフトバンクホークス）
辻　武史（福岡ソフトバンクホークス）
北野良栄（福岡ソフトバンクホークス。引退後は競輪選手）
高木京介（國學院大を経て、読売ジャイアンツ）
島内宏明（明治大を経て、東北楽天ゴールデンイーグルス）
西川健太郎（中日ドラゴンズ）
森山恵佑（専修大を経て、北海道日本ハムファイターズ）
北村拓己（亜細亜大を経て、読売ジャイアンツ）
岩下大輝（千葉ロッテマリーンズ）

なお、ついでながら述べておくと、星稜はサッカー部も強豪で日本代表選手として一世を風靡した本田圭佑はじめ幾多の名選手を輩出している。サッカー部としては2007（平成19）年のインターハイで準優勝し、2013（平成25）年の選手権でも準優勝。そして、翌年には野球部よりも一足先に全国制覇を果たしている。

元プロレスラーで、ロサンゼルスオリンピックではレスリング・グレコローマンスタイルの日本代表であり、その後国会議員となり、現在は自由民主党教育再生実行委員長として東京オリンピック・パラリンピック競技大会組織委員会顧問会議の顧問などを務めている馳浩も卒業生である。なお、余談ではあるが馳浩は専修大卒業後、ジャパンプロレスに入団する前、一時は星稜高校で国語科教員として勤務していたということもあった。

また、進学校としても近年は目覚ましい実績を挙げてきており、地元の金沢大には20人近い合格者を出し、福井大や滋賀大といった国立大や、関関同立などの関西人気私学にも多くの合格者を輩出している進学校としての位置づけもある。

生徒数は1700人を超えるマンモス校でもある。

箕島との延長18回サヨナラ負けで一躍全国区に

甲子園というのは、時に敗者にとても温かい球場である。それは、高校野球という戦いがトーナメントの一本勝負だというところにも起因しているであろう。一度でも負けたら、それで終わりという過酷さ。しかし、勝負事だから、勝者がいれば必ず敗者も存在する。そして、球児を見守る人たちは、敗れてなお堂々と戦っていったチームに対して惜しみない拍手を送る。

甲子園が、敗者に優しい、敗れた学校に温かいと言われる所以でもある。そんな温かい敗者の歴史を重ねていきながら、チームとして成長していったのが星稜である。

小松投手の存在とともにベスト4で敗退した星稜のインパクトは強烈だった。その後は星稜も石川県内では金沢高校と並ぶ強豪となり、甲子園の常連校となっていく。石川県内の勢力構図も、70年代には、いつしか星稜と金沢との2強対決の構図となっていた。

次に星稜が大きくスポットライトを浴びたのは1979（昭和54）年夏である。この年も春夏連続出場を果たしており、甲子園出場も、夏は2年ぶり4回目、春夏通算6度目ということになっていた。

春は初戦で川之江（愛媛）に1対3で敗退。早々に甲子園から姿を消していた。それでも、夏に出場してきたのは、やはり県内では安定した力があったということであろう。夏の甲子園は2回戦から登場した星稜は初戦で宇治（現立命館宇治）に8対0と快勝。その勝ち方で、「この夏の星稜は強いぞ」と思わせていた。そして迎えた3回戦でこの年春夏連覇を狙う箕島と対戦。もちろん、試合前の予想としては春の王者でもある箕島が、夏も優勝候補の一角として名前が挙げられていたくらいだから、「星稜がどこまで食い下がるのか」ということで地元も期待していた。

それが、あの、今も語り継がれている伝説の試合となるのだ。

◎第61回全国高校野球選手権大会（1979年）

▽3回戦

星稜　000　100　000　001　000　100＝3

箕島　000　100　000　001　000　101X＝4（延長18回）

この試合のランニングスコアを見ると、まるでコピーのように17回まで同じ得点経過となっている。それだけでも、いかに両チームの力が均衡していたのか、と言うより、力では勝る箕島に対して、星稜が食いついていっていたのかということが窺える。

星稜のエース堅田外司昭は春のセンバツ優勝校の箕島に臆することなく堂々と立ち向かっていっていた。春の優勝投手でもある箕島のアンダースローのエース石井毅と互角に投げ合った。ともに4回に1点ずつを奪ったが、どちらも相手投手を攻略しきれず、試合は延長戦に突入していた。

1対1のまま延長にもつれ込んでいくが、先攻の星稜は延長に入って2度リードするものの、ことごとくその裏に本塁打で追いつかれる。12回には一死一、二塁から相手失策で星稜が1点を奪う。しかし、その裏箕島は2死走者なしから「ホームランを打ってきます」とベンチから出た箕島の嶋田宗彦がその言葉通りの同点本塁打。これで、試合はさらに続くこととなった。

16回には二死一、三塁から、山下靖主将の右前打で再びリードを奪う。そしてその裏、箕島は四番からだったが、簡単に二死となる。さらに森川康弘も一邪飛で万事休す、「星稜、春の王者に勝利か」と思われた。ところが、加藤直樹一塁手が芝生の切れ目に足を取られて転倒。その直後に森川は4球目を叩いて本塁打が飛び出した。こうして延長はさらに続くこととなった。

当時は延長18回で決着がつかなければ引き分け再試合という規定になっていた。18回表に星稜は2死満塁としながらも得点出来ず、この日の星稜の勝ちはなくなった。試合を見守る多くの人たちが、「両チーム、ここまで戦ったのだから、もう今日は決着はつけないで、引き分け再試合になってほしい」そう願っていたであろう。

ところがその裏、最後にドラマが待っていた。堅田投手は最後の力をふり絞りながらも2四球で一死一二塁としてしまう。ここで、箕島の四番上野敬三が堅田投手の通算208球目を左前へはじき返すと、二塁走者が一気に走ってきて飛ぶようなヘッドスライディングでホームインした。星稜は、引き分け再試合目前でサヨナラ負けとなった。

それでも、星稜の大健闘は称えられた。

高校野球ファンとしても知られている、時の人気作詞家阿久悠は、スポーツ紙に「最高試合」という詩を寄稿して絶賛した。こうして、その試合そのもののドラマ性も含めて今でもなお語り継がれている高校野球史上でも最高の試合となっている。こうして、非運の星稜も作られていった。

とはいえ、その後も星稜は石川県を代表する強豪として81年、82年と春夏連続出場を果たすなど、さらに甲子園の常連校となっていく。

ただ、その当時の星稜は、甲子園には出場を果たすものの、なかなか勝ちきれなかった。そんな存在になっていた。まだまだ、高校野球の勢力構図としても地域の差があった時代でもある。やはり、北陸勢には寒冷地のハンデがあったことも否めなかったのだ。

松井秀喜の甲子園5敬遠をめぐる波紋

時代は昭和から平成に移ると、星稜は平成元年となった1989年夏から4年連続で甲子園出場を果たす。その間に、やがてメジャーで活躍して国民栄誉賞も受賞する松井秀喜も入学してきて、1年生の夏から四番打者として活躍していた。「星稜に怪物が入学してきた」と、メディアも松井の存在を早くからクローズアップしていた。

最初の夏となった1990(平成2)年は初戦で日大鶴ヶ丘に敗退する。しかし、松井が2年生の91年夏には市立沼津、竜ケ崎一を下して準々決勝では、春の準優勝校でその年の最大の注目校だった松商学園(長野)を3対2と下してベスト4に進出している。

松商学園は、同じ北信越地区ということもあり、星稜としてもことのほか意識する存在だったであろう。準決勝では、優勝する大阪桐蔭に敗退するが、星稜の存在感は卵色のユニフォームとともに強烈にアピールした。

そして松井が3年生となった92年には春夏連続出場を果たす。

春は開幕試合を引き当てた星稜だったが、松井が2打席連続本塁打を放つなどで宮古（岩手）に大勝。この年からラッキーゾーンが撤去されたのだが、そうした中で放った松井の2本塁打は、その能力をより示すこととなった。ラッキーゾーン撤去後の最初の本塁打が星稜ということで、松井とともにチームそのものも強烈に印象づけた。2回戦も堀越に4対0と快勝してベスト8に進出。

準々決勝では天理に敗れたものの、前年夏のベスト4に続いてのベスト8ということですっかり甲子園でも勝てるチームという印象を与えることになった。

その年の夏は、順当に石川大会を勝ち上がって出場を果たしてきた星稜は、松井の存在もあって、夏は優勝候補の一角にも名を連ねていた。1回戦ではその評価通りに長岡向陵（新潟）に11対0で大勝する。

そして迎えた2回戦は明徳義塾（高知）との試合となった。この試合が、今後の星稜の甲子園での位置付けを象徴するかのような結果となる。

というのも、明徳義塾は松井と勝負せず5打席すべてを敬遠したのだ。

「5敬遠はすべて私が指示したこと。高知代表として、初戦で負けるわけにはいかんのや。負けるための作戦を立てる監督は誰もおれへんはずや。星稜の練習を見たとき、松井君は一人高校生の中にプロがおるという印象やった」

明徳義塾の馬淵史郎監督は、試合後の取材でそう語っていた。しかし、いずれにしても松井の打席をすべて敬遠したということで明徳義塾はヒール役となり、さらに星稜への同情が集まった。

こうして、「主砲と勝負してくれなかった」ということで、星稜の非運、悲劇性がよりクローズアップされていった。

松井が打つことが出来なかったということもあって、試合は星稜が2対3の1点差で敗退した。明徳義塾の秘策だったが、そのことが物議を醸し、甲子園では前代未聞の大騒動となった。

このことで、さらに星稜は敗れ方で注目されていく存在と決定づけられていったと言うと、語弊があるかもしれない。しかし、甲子園では、そんな存在となっていったのである。

「北陸へ大優勝旗を」の夢かなわず、帝京の前に散る

松井の5敬遠事件から3年後。星稜は2年生エースの山本省吾投手を擁して春夏連続出場を果たす。春は三重を完封し、伊都（和歌山）に競り勝ってベスト8。準々決勝では、この大会で優勝する観音寺中央に敗れるものの、星稜は安定感を感じさせて、すっかり甲子園の常連校としての佇まいを兼ね備えていた。

そして夏は大会前から、優勝争いに絡む存在ではないかという評判もあった。この大会ではPL学園に福留孝介、銚子商に澤井良輔という2人のスラッガーが注目を浴びていた。そんな中で、星稜は初戦となった2回戦で県岐阜商に完封勝ちすると、俄《にわ》かに「北陸勢初の全国制覇」へという期待も高まってきた。

星稜が関西、金足農と下してベスト4に進出していく間に、銚子商もPL学園も敗退していた。そしてベスト4の顔ぶれは帝京と智弁学園に星稜と福井県の敦賀気比というう史上初めて北陸勢が2校残っていた。そんなこともあって、「北陸勢の初の全国制覇」への期待感はますます高まっていっていた。「あわよくば、北陸勢同士での決勝を」な

どという願いをかけている北陸の人も多かったに違いない。

しかし、敦賀気比が帝京に敗れてその夢は成らなかった。それでも、星稜は智弁学園に3対1で快勝して北陸勢としては初めての夏の決勝に進出した。

初回、星稜は幸先よく先制して1点リードするものの、3回に帝京が逆転。さらに8回にも帝京が1点を追加して、結局星稜は帝京に1対3で敗退。帝京は6年ぶり2度目となる夏の全国制覇を果たした。帝京はその間、92年春にも全国制覇を果たしており、いわば帝京時代を形成していた頃でもある。

そんな強い帝京に対して、臆することなく堂々と戦って、そして跳ね返されてしまった星稜。この負けで、さらに、敗者として星稜が印象づけられていくことになった。

「強いけれど、どこか球運に恵まれない星稜」

そんなイメージも根付いてきてしまった。

タイブレークで史上初の逆転サヨナラ満塁本塁打をくらう

平成最後の夏となった2018年、2年ぶり19回目の出場となった星稜。開幕試合ではレジェンド始球式で招待されていた松井秀喜と偶然にも重なった。

松井先輩の見守る中で開幕試合を快勝した星稜だったが2回戦、またしても劇的な敗退が待っていた。済美との試合は最大6点リードしていたが8回に一挙8点を失って逆転される。それでも9回表に追いついて9対9で延長へ。そして、この年から導入されることになったタイブレークとなる13回。先攻の星稜は2点を奪ってあとは守るだけとなった。ところがその裏、史上初となる逆転満塁サヨナラ本塁打を浴びて、またしても劇的に敗れ去った。（第二章参照）

タイブレーク制度は、この年から導入されている。導入のきっかけとなったのは、前年のセンバツ大会で2試合連続で延長15回引き分け再試合が起きたということもあった。それまでも、大会運営をスムーズにしていくため、「投手の負担を少なくするために、早く決着をつけさせるためにはタイブレークもやむを得ない」という声も上がっていた。

大会運営という観点からは、社会人野球や中学野球などでは、早くからタイブレーク制度は導入されていた。

もちろん、新たな制度を導入する場合、賛成意見もあれば反対意見もある。高校野球でタイブレークを導入する際にも、当然その両者の意見が入り乱れた。注目度の高い高校野球である。関係者から、第三者まで、それぞれがさまざま意見を述べていたのだが、再生派の多くは、投手をメインとして選手たちの健康を考慮して導入は当然だという意見が多かった。

一方、反対派としては、「野球が違ったものになってしまう」、「野球には試合の流れというものがあるのだが、それが途切れてしまう」というもの。そして、特に高校野球ファンが求めている感動という点において、「過去の名勝負は、延長戦でのドラマが多かった。それがなくなってしまう可能性がある」というものだった。それは、言うまでもなく、前述した「星稜・箕島、延長18回のドラマ」のように、延長戦となって、その中で起きていくドラマにこそ、高校野球らしさを感じている人たちが多いからでもある。

しかし、時代の流れの中で高校野球でのタイブレーク制導入は、２０１８年春から全国一斉にはじめられたのである。

ただ、その最初の全国大会である第90回選抜高校野球大会では、幸か不幸か延長12回で決着がついた試合はあったが、タイブレークに届く試合はなかった。そして、その年の夏、第１００回記念選手権大会の大会２日目、第４試合がタイブレークとなった。

そして、タイブレーク適用２試合目となったのが星稜と済美の試合だった。その試合が、「タイブレークでは、今までの延長戦のような感動はなくなってしまうのではないか」という懸念を見事にひっくり返すような、劇的なサヨナラ満塁本塁打だったのだ。そして、その敗者が星稜だったのである。

こうして星稜は、またしても敗者のドラマの主人公となったのだった。

星稜が背負い続ける宿命

高校生の投手としては、完成度はナンバー1。そんな奥川恭伸投手を擁して、春夏の甲子園に出場した2019年の星稜。平成最後の甲子園となった第91回センバツ大会では2回戦で準優勝する習志野に敗退する。その後に相手校に「サイン盗み疑惑」として抗議した林和成監督が、むしろ、「行き過ぎた抗議」として学校側から指導自粛を命ぜられた。そういった一連の騒動で、敗れてなお、その存在が輝く星稜が、初めてヒール的な存在として扱われた。

それは、林監督としても星稜としても苦悩の時間だったであろう。しかし、林監督が復帰した後は、「雨降って地固まる」ではないが、チームとしてのまとまりもより強固になって、出るべくして夏の甲子園にも出てきた。

そして、優勝候補の一つにも名を上げられる存在にもなっていたが、その期待に応えて勝ち上がっていった。

しかし、2度目の決勝戦では、またしても敗れる。それも、一旦は同点に追いつきながら……、である。しかし、多くの人は、それも星稜らしいと感じていたのかもしれない。もしかしたら、これが星稜の背負っている宿命なのかもしれない。そんなことを思わせるような星稜の戦いでもあった。

そんな星稜に対して、偉大なるOBでもある松井秀喜氏も、大会本部を通してコメントを発信していた。ちなみに、松井氏は林監督の1年先輩にあたる。あの、5敬遠の試合では三遊間を守っていた間柄でもある。その中で、こんなことを述べていたのは印象的だった。

「結果は残念でしたね。……（中略）……。でも、ここで優勝出来ないのが星稜。母校のそういうところも大好きです。何か新たな宿題が残った感じですね。また、新たなチャレンジをして全国制覇を狙ってもらいたいですね。ただ、星稜高校野球部のモットーは、あくまでも野球を通しての人間形成です。……（後略）」

「縁」を大事にしたい

高校2年生の時から
絶対的エースとして星稜の守護神に。
ヤクルトに引き当てられた時に
「縁を大事にしていきたい」と
コメントして未来を誓った。

優勝出来ない母校星稜を温かく見つめて応援するコメントでもあった。

高校野球は、夏の大会が終わったら、すぐに次の大会へ向かって新チームがスタートすることになる。選手は、実質二年と四カ月しか、自校のユニフォームを身につけてプレーすることが出来ないのだ。そして、次の代へ自分たちのプレーをつないでいくこともまた、高校野球の大事な役割でもある。それが、伝統という形でチームにも生きていくのだし、学校としても背負っていくものということになる。

奥川恭伸という金の卵を輩出していくことになる星稜。この名前が、プロ野球の世界でも輝いた小松辰雄や松井秀喜と並び称されるようになっていくのかどうか。星稜関係者は、新しいチームの動きを見つめながら、そのことにも思いを馳せていくのである。

第五章

岩手県の高校野球と大船渡高校

岩手県の普通の県立高校としての歩み

佐々木朗希が通っていた岩手県立大船渡高校の前身は１９２０（大正９）年に創立された気仙農学校である。経緯としてはその後に盛農学校となり、さらに１９３８（昭和13）年に盛農業園芸学校となり、６年後には盛農業学校を経て、１９４８（昭和23）年の学制改革で盛農業高校となる。そして、翌年には普通科を併設して校名も盛高校となっている。

やがて、１９６２（昭和37）年に現在の校名の大船渡高校となり、３年後には農業科を分離して普通科校となって今日に至っている。つまり、県立の普通科校としての歴史も半世紀以上を有しており、前身も含めると創立１００年を迎えようかという伝統校である。進学実績としても、地元の国立大の岩手大には毎年10人以上の合格者を輩出し、弘前大や秋田大といった国立大にも合格者を出している、県内でも評価の高い進学校としての位置づけもある。

縦に長い岩手県で、太平洋に面した三陸海岸では栄えている気仙沼市と釜石市との間に位置する部分に大船渡市がある。人口は約3万5千人という小都市である。高校は、大船渡高校の他には大船渡東がある。それに茨城県に本拠を置く鹿島学園の大船渡キャンパスというのがある。かつて名乗った「盛」というのは地名で、最寄りの駅でもある。ちなみに、気仙沼と盛をつなぐ大船渡線（通称ドラゴンレール大船渡線）で1時間と少しかかる。さらにそこからは、三陸鉄道で釜石までつながっているがこれもおよそ1時間かかる。そんなローカル色たっぷりの土地である。NHKの朝ドラで人気だった『あまちゃん』の舞台となったところでもある。

そんな大船渡に、突如として佐々木朗希という「令和の怪物」と称せられた高校球児が現れたのである。

大船渡高校の野球部の創部は学制改革後の高校野球となってからで、1949（昭和24）年だ。当初はそれほどの実績を挙げているというものではなかったが、1958（昭和33）年夏に初めて岩手県大会ベスト4に進出している。もっとも、当時は北東北大会として青森県と秋田県との戦いがあり、甲子園はまだまだ先というのが現実だった。

元々岩手県の高校野球は、内陸の盛岡市を目指して一関市から北上市、花巻市と北上していきながら栄えていったと言ってもいい。東北6県の中でも比較的野球が盛んな方で、歴史的には戦前から一関中（現一関一）、盛岡中（現盛岡一）、福岡中（現福岡）に盛岡商などが東北の代表として全国へ出場している。そんな勢力構図は1970年代から80年代まで続いていくことになる。

旧制中学時代からの歴史を担う学校が多く、いわゆる弊衣破帽《へいいはぼう》の様相をよしとしたバンカラスタイルの応援席は全国的にも珍しく、時にそのことが話題として取り上げられることも多かった。逆に言えば、高校野球としてのレベルということではなく、そういった現象にスポットが浴びていたということでもある。

ところが、近年は岩手県出身で菊池雄星や大谷翔平といった、世界で羽ばたくスター選手を輩出するようになってきているのだ。そんな土地柄の岩手県高校野球である。三陸の一公立校に、怪物級の高校球児が現れたことにも、普通に受け入れられるようになっていた。

とはいえ、野球部を特別に強化しているというワケではない公立校の大船渡にそんな球児が出現したことは、ひと騒動ではある。学校が、取材申し込みなどのマスコミ対応などで苦労していたということは十分に想像出来る。

部活動としては、サッカー部も強豪の一角として健闘している。元日本代表メンバーで鹿島アントラーズではＪリーグ最優秀選手にも輝いている実績もある小笠原満男などを擁して、全国高校選手権にも出場を果たしている。過去、Ｊリーガーも数人輩出している。また、バレーボール部もバルセロナオリンピック日本代表メンバーの栗生澤淳一を輩出しており、部活動は比較的盛んな学校というイメージもあり、地元では文武両道校としての評価も得ている。

かつて一度だけ、甲子園で輝いた大船渡

まだ、高校野球では全国の地域での戦力バランスを見ると、明らかに地域の格差があった時代の１９８０年代。東北地方の学校は「寒冷地の代表校」という言い方をされて、とりあえず甲子園へ出場して来ただけで十分だという意識があった。だから、甲子園で一つでも勝つと、「よくやった。大健闘」と称賛された時代でもある。

当時の東北地区の中でも、ことに岩手県は山形県と並んで「野球後進県」などという言い方をされていた。事実、１９６８（昭和43）年夏の第50回記念大会で盛岡一がベスト８に進出したのが、唯一目覚ましい実績となっていた。

それでも、1983（昭和58）年の秋季東北地区大会では大船渡が優勝して、当時はまだ1～2枠しか可能性がないセンバツ代表をほぼ確定していた。大船渡には金野正志という投手がいたのだが、大船渡一中時代から、隣接する宮城県の強豪仙台育英や東北などからも声がかかっていた逸材だった。

それでも、そんな声を振り払って地元校を選択した。

「地元の高校で、中学時代からの仲間と一緒に甲子園を目指したい」

こんな思いで大船渡に進学した。図らずも、この思いは佐々木朗希とぴったりと重なるものがある。ちなみに、佐々木朗希も大船渡一中である。ただ、金野投手は170㎝そこそこの小柄な左腕投手で、制球の良さと変化球巧みに駆使して、相手打者を上手にかわしていくというタイプで、そこのところは佐々木とは異なっていた。

そんな金野と種を擁する大船渡は、東北地区大会に初優勝して、翌春のセンバツ出場を確定した。もちろん甲子園出場は春夏通じて初のこととなった。

この年の高校野球はPL学園（大阪）に桑田真澄、清原和博というKKコンビと言われる投打のスター選手がいた。前年に2人は1年生ながらチームの柱となって全国制覇に貢献している。そして、この春も当然のように出場してきていた。高校野球史で言えば、徳島県で君臨した池田高校時代からＰＬ学園時代へ移行している時期でもあった。

金属バットの普及がすっかり定着してきて、野球のスタイルも走者が出たらコツンとバントで送るという従来の高校野球から、変化してきていた。筋力トレーニングなどでパワーアップした選手たちが金属バットを振り回して長打を狙っていくというのが主流になってきていた時代である。

そんな折に、岩手県の三陸沿岸の田舎町から出場してきた大船渡の素朴な野球が、甲子園で躍動した。だから余計に、多くの甲子園ファンは賛同して声援を送った。

初戦は初出場同士の対戦となり、山口県の多々良学園（現高川学園）に、金野投手が5安打に抑えて四番鈴木嘉正が2ラン本塁打するなどで4対0の完封勝利だった。さらに、2回戦では日大三島（静岡）に対して、鈴木が2試合連続本塁打など打線も爆発して8対1で快勝。準々決勝の相手はこの頃から台頭し始めてきて前年のセンバツでもベスト4に進出していた高知県の明徳義塾（当初は明徳で、この大会中の4月1日に校名変更）だ。金野投手がのらくらりとかわして明徳義塾打線を3安打に封じ込めて1対0で勝利し、初出場でベスト4に進出した。

この段階で大会ベスト4は、反対ゾーンからＰＬ学園と都城（宮崎）、そして初出場の岩倉（東京）と大船渡という顔ぶれだった。

準決勝で大船渡は岩倉の菅澤剛（現成立学園監督）にサヨナラ本塁打を浴びて1対2で敗退するが、岩手県勢初のベスト4進出。東北勢としても72年の東北以来の12年ぶりのセンバツベスト4だった。この大船渡の戦いぶりは「大船渡旋風」と称せられた。

この実績で自信を得た大船渡は夏も甲子園出場を果たす。しかし、初戦の長浜線で15安打放ちながら3点しか奪えず3対4で敗退。大船渡は、このエポックイヤーの84年以降甲子園出場はない。佐々木朗希たちはこの年以来の甲子園出場を目指していたのだ。

公立高校が、毎年高いレベルのチームを作り上げていくのは無理

「大船渡旋風」を起こした1984年は高校野球絶頂期とも言える時代だ。そして、それはイコールＰＬ学園の時代でもあった。80年代だけでＰＬ学園は84年の春夏連続準優勝を含めて8度甲子園の決勝に進出している。そのうち84年の春、夏以外はいずれも勝って優勝している。つまり、80年代だけで6度優勝しているのだが、この頃から顕著に私学と公立校との差が現れるようになってきていた。

GET DREAM

バッターとしても非凡な才能を

エースで4番バッター。
そのバッティングは勝負強さを持ち、
かつ豪快なパワーヒッターとしてチームを牽引した。
こぼれる笑顔がとてもいい。

この傾向は首都圏や近畿圏から、徐々に地方へとも流れていく傾向にあった。

岩手県でも、翌年の85年こそ伝統校の福岡が出場しているが、その後に年連続で一関商工（現一関学院）が出場。90年に花巻東が出場を果たすと専大北上、一関商工と続く。そして95年に盛岡大附が初出場を果たすと、以降夏の甲子園出場は花巻東、専大北上に盛岡中央とすべて私立校が締めている。

いつしか、東北各県の公立勢にも私立校の壁が立ちはだかってくるようになっていた。この春、センバツ出場を果たしている盛岡大附はメンバーの20人中12人が岩手県外出身の選手だった。東北以外の兵庫、大阪、神奈川、群馬、茨城などの出身者が9人いた。彼らは、強い意志と覚悟を持って野球留学をしてきており、「この学校で甲子園へ行こう」というよりも、「甲子園へ行くためにこの学校へ行こう」という気持ちでの学校選択なのである。ここでは、その是々非々を問うのではなく、そういう気持ちの選手たちに公立校として立ち向かっていくには、やはり突出した投手が存在した時でないと、現実にはなかなか難しいというのが本音である。

佐々木朗希がいた大船渡は、間違いなくその千載一遇のチャンスだったと言っていい。それは、佐々木が突出して全国レベルでも最も注目される投手だったからである。そして、そんな佐々木がいたからこそ、フツーの高校生たちである他の選手たちも本気で甲子園を狙えると信じ、甲子園へ行きたいという気持ちを育むことが出来たのである。

結果として、佐々木朗希の大船渡は甲子園出場はならなかった。決勝戦で佐々木が登板回避したことの賛否は置いておいて、大船渡は手の届きかかった甲子園切符を争う戦いで、佐々木朗希が出場しないということは、最初から極めて確率が低い戦いだったということだけは確かである。

そして、大船渡が毎年のように県大会決勝進出を果たせるチームを作っていけるのかというと、それもまた現実を見据えてみると、厳しいことは間違いない。

第六章

奥川と佐々木、二人の評価と突破力

選手権大会が終わったあとの球児たちのそれぞれの道

6月末から7月にかけて全国一斉に開催される、甲子園を目指す各都道府県での地区大会期間が高校野球カレンダーでは最も活況を呈する期間となる。ピークになると毎日何10校、日によっては何100校もの学校が、その日のうちに姿を消していく。そして、敗戦とともに、チームはすぐに新チームに切り替わっていくのだ。3年生たちは、引退となり、新たな進路へ向かって準備を始めていくことになる。

もっとも、甲子園でベスト8以上に残ったチームなど、秋の国体に出場することになったチームは、その後も3年生は公式試合が残るということになる。つまり、3年生たちもまだ準引退ということになるのだ。夏の準優勝の星稜も、国体に出場するため、奥川たち3年生もまだチームとしての試合が残ったということになった。そして、茨城県で開催された国体では、智辯和歌山との再戦となり、星稜は敗れた。これで奥川たち3年生の高校野球はすべて終了したことになった。

高校生にとってこの時期は進路を考える重要な時期でもある。それは、ここまで高校生活のメインが野球だったという高校生にとっても同じことなのである。野球をその先も続けるのかどうかということも含めて、自分の将来の方向性を決めていく時期になっていくのである。

上のステージで野球を続けたいという者も、それなりの準備がいるのも当然だ。一番多い進路としては大学野球ということになる。8月には、大学の有力校では練習会が行われて、学校によってはそこでおおよそ内定を出していくところも少なくない。

そして多くの大学でも野球を続けたいという選手は、それぞれの力量と自分の将来への思いを考えて志望校を決めていくことになる。一部、社会人野球から声をかけられて、高校野球から社会人野球という進路を選択する者もいるが、社会人野球そのものの受け入れ口が少なくなってきているので、それはそれで狭き門ということになる。

さらに、もっと上のステージとしてプロ野球という舞台がある。プロ野球選手を希望する者は、決められた時期までに「プロ野球志望届」を提出するというのが現在の規則となっている。その届を提出していない選手は、どんなに球団が欲しいと思っても、入団交渉をしてはいけないという決まりになっている。現行のルールでは、「プロ野球志望届」を提出した選手のみが、その後のプロ野球新人選手選択会議（通称ドラフト会議）で指名される権利を得るのだ。

もちろん、本人がどんなに志望しても、力量がなければ、プロからは指名はしてくれない。また、プロ野球側としては、特に1位指名位なるような有望選手に対しては、最初の入札で他球団との競合になるということは前提となって考えている。それに、せっかく指名権を獲得したとしても、本人にまったくその球団に行く意志がないのであれば入団拒否ということになる。球団としても貴重な1枠を行使していくのである。無駄にはしたくないというのは正直なところだ。

だから、プロ野球サイドは念には念を入れてさまざまな角度から情報を仕入れていく。そして、指名したいという意思がある選手に対しては、まず学校側に「調査書」を依頼することになる。もちろん、調査書が来たからといって、「指名します」ということではない。これはあくまで、「指名する可能性がある（指名したい候補である）ので、事前に基本的な情報を教えてください」ということで、設けるようになったものである。こうしたことで少しでも抜け駆けなどがないように公平性を期していこうということになっている。

プロ野球のドラフトというのは、それくらいにデリケートなものなのである。また、近年はその模様をテレビが生放送で中継していくということもあり、よりイベント性も高まっている。だからこそ、多くのファンも、ドラフトで誰がどこに指名されていくのかということは、極めて興味深い要素になっていく。

野球ファン側からすれば、将来、野球界のスターになっていくであろう可能性の高い選手がどこに入団していくのか、それだけでも興味深いものなのだ。そもそも、サラリーマン社会でも、人事情報というのはシークレット性もあり、興味深いものである。それが中継されていくのだから、興味を煽っていくことは自明なのである。どんな世界でも、人事に対する興味は尽きないのだ。

閑話休題、そんなこともあって、プロ野球での指名の可能性のある選手のいる野球部では、新チームの整備もさることながら、そんな準備にも追われていくのである。そして、取り巻くメディアなどでも、ドラフトが近づいてくるにつれて、各球団の思惑や、それぞれの評価などを集めて情報として流していくことになるのだ。

国体終了後、奥川は迷わず「プロ野球志望届」を提出。晴れ晴れとした表情で、次のステージへ向かうことを宣言していた。

二人はどんなタイプの投手になろうとしているのか

結果的に、全国の舞台に登場しなかった佐々木朗希に関しては、7月の地区大会までの評価が中心となっていた。また、甲子園で準優勝を果たした奥川に関しては、甲子園での活躍で、その素材力の高さと、その精神力の強さ、持っている運なども含めて再確認出来たと言っていいであろう。また、勝っていくにつれて増えていくメディアの取材の中で、その人間性なども注目された。

中日スポーツで北陸地区担当であり、星稜番のようにして張り付いて取材していた川越亮太記者は、「奥川君は、取材などでも、ここでは何をどう答えたらいいのか、ここではどこまでのことを話したらいいのかということは、非常によく理解しています。話してもいい相手にはしっかりと本当のことも語ってくれます。親もそうでしょうけれども学校としても、そういう管理もしっかりとさせていたということでしょう」と語る。つまり、それだけ気持ちの持ち方もしっかりしており、ぶれていないということであろう。精神的な部分でも、十分に超高校級で社会対応力が高いということである。

奥川に関しては、技術的な評価は、「力任せに真ん中に行くこともなく、しっかりとコースに投げていける力がある」（阪神・筒井スカウト）と言うように、スピードだけではないということで、その完成度の高さも評価されている。力がありながら、クレバーな投球も組み立てられるということである。そんなところが、「今年の高校生投手としては、完成度は一番高い」と言われる所以でもあろう。

また、奥川自身もU―18の代表候補合宿で、佐々木の投球を目にして、自分と比較してこういうコメントを残している。

「（佐々木君は）スピードボールで注目されている。自分は、違う部分で勝負していきたい」

つまり、自分と佐々木朗希とは、同じタイプではないということなのだが、それは周囲の評価も同じである。ある人は、「佐々木が剛腕というのならば、奥川は豪腕と言える」とも表現していた。「剛」と「豪」の違いがどうなのかということは明確にはわからないけれども、何となくニュアンスとしては、伝わって来そうな気もする表現でもある。

図らずも、地区大会で同じ日に、佐々木が盛岡四との延長の大激闘を戦い最速で16

0キロをマークした日、奥川はコールドゲームとなった試合で後半に登板して158キロを出している。それまでは、152キロが最速だった奥川だったが、ここへきてスピードも十分にあるぞということを再アピールしている。

佐々木の投球フォームに関しては、U―18の代表候補合宿以降、その映像が多く出回るようにもなって、さまざまな意見も出てきている。ダイナミックに足を上げて長身を利して投げ込んでくるということに魅力を感じている専門家は多いようだ。

日本スポーツ協会のスポーツドクターで、筑波大でチームドクターや部長を歴任した日本スポーツ協会スポーツドクターの馬見塚尚孝医師は、「こんなに右膝は曲げず、高い位置から投げ下ろせば、ボールに角度がつく。そうすれば打者はあごが上がって打ち損じる。190センチの長身も生かせるはずだ」と解説しながら、それでも、一旦沈んだ形になることについて、「低めを意識しているから」と説明している。佐々木投手自身も、まだ変化球そのものもすべてを自分のものとしているわけではない。そういう意味では、あくまでも発展途上の投手だということになる。

逆に言えば、そんな発展途上なのに、163キロを出してしまったのだから、その潜在能力はどこまで高いのかということになる。そして、そのことを分析していくと、

「最も故障の危険性が高い」ということで、国保監督が岩手大会の決勝での登板を回避させたことも理解出来るということになる。

そうすると、今の段階での評価としては、「完成度で奥川、将来への伸びしろで佐々木」ということになるのかもしれない。

U—18日本代表として問われた「侍ジャパン」の二人

夏の甲子園大会が終了すると、1年おきに開催されている「U—18ベースボール・ワールドカップ」へ向けてチームが指導し始めることになる。高校日本代表メンバーそのものは甲子園の結果が出る前の準決勝が行われた20日に発表されていた。春夏のどちらも甲子園出場していないで選出されたのは佐々木朗希と有明（熊本）の浅田将汰の二人だけだった。チームは22日から首都圏で合宿をスタートするということになっていた。
初日の佐々木朗希投手は約3時間の練習で汗を流している。コメントを求められると
「初めての世界一のメンバーになれるように頑張りたい」
意気込みを示していた。

この日のブルペンでは直球とスライダーなどの変化球を交えて20球程度を投げ、感触を確かめたという程度だった。そんな中でも、6球団のスカウトが視察していた。折しも、練習の時間帯は、夏の甲子園の決勝「星稜・履正社」の試合が行われていた。星稜からは奥川と山瀬の二人が参加するが、星稜の選手は代表合宿には遅れて参加することになっている。

奥川は甲子園の決勝戦を8月22日に終えると、翌日には金沢市に戻って（現実には、準優勝ではあるが）母校に凱旋報告。そして、その翌日にはバッテリーを組んでいた山瀬とともに、高校日本代表合宿に合流するというハードスケジュールである。そして、そこからは「星稜」ではなく「JAPAN」のユニフォームを身にまとっての戦いとなる。もっとも、奥川自身は前年も、2年生ながら宮崎県で開催されたU―18アジア野球選手権大会の代表メンバーに選出されており、2度目の侍ジャパンで「JAPAN」ユニフォームを着ることになった。

そして、合宿先では先に参加していた佐々木朗希とも再会することになるのだ。そのことについて感想を記者に問われた奥川は、こう答えている。

「4月の合宿では別れ際に『次に会えるのを楽しみにしている』と言っていたし、もう一度再会出来るということなので一丸となって頑張りたいです。自分の身体が最優先になりますけれども、（佐々木との）リレーが出来ればうれしいですね」

リップサービスもあるとしても、見事な大人のコメントであった。

奥川は、チームメートの山瀬とともに合宿4日目となる25日にU―18侍ジャパンに合流した。翌日は、大学日本代表との壮行試合を控えていた。

合流早々、早速多くの取材陣に囲まれることになったが、隣にいた佐々木朗希に対して、「久しぶり、髪の毛伸びたな」と、まずは普通の高校生らしい会話を交わしている。

そして、佐々木に対する思いを聞かれると、

「ずっと会いたいなと思っていた。また一緒に頑張りたい」

と、素直にその思いを述べていた。

また、奥川は唯一前年のアジア選手権を経験しているということもあって、国際舞台での戦い方を聞かれると、球場の違いや日程変更など、思わぬことも多いので、通常以上に様々な形で準備が重要だということを述べていた。

一方、佐々木朗希は東京都内での合宿で、駒澤大相手の練習試合で登板している。9球団のスカウトがネット裏から熱視線を送る中、侍ジャパンは5点のリードをしていた

が、9回に佐々木が登板。任された1回を投げ切り無安打無失点で1四球。まずは無難な投球内容だったが、プロ球団のスピードガンでは最速で153キロをマークしていた。巨人の長谷川国利スカウト部長は、「リリースポイントがしっかりしている。ボールの質も抜群」という評価を与えていた。中日の近藤真一スカウトも、「球の回転、質はよかった。体が大きい割にしっかり体重移動が出来て、投げ切れているところが一番いい」と高い評価だった。スカウトの言う、球の回転、質というのは、いわゆる「指の引っ掛かり具合がいい」ということである。

少なくとも、この時点では「ダルビッシュの高校時代よりもいいのではないか」という声も多く聞かれた。

それくらいに、球の質が良かったということである。それが自然に出るところに「天性の素材力の高さ」があると言っていいのだろう。

さらに、開催地韓国への出発前、最後の練習試合が「U―18日本代表壮行試合」として26日に明治神宮外苑球場で組まれていたが、この試合で佐々木が先発。先発で起用した理由を永田裕治監督は「(佐々木は)甲子園の大観衆の中で投げてない。だから、(大観衆が見守るという状況に)慣れさせたかった。これからの大会、将来的にも役立つ。

よく放ってくれたと思います」と説明していたが、その配慮は納得のいくものでもある。

しかし、思わぬアクシデントというか、心配材料も残った。1回のマウンドを降りた後、右手の中指付近を気にする素振りを見せていた。結局、1イニングを投げただけで、右手中指に血マメが出来たということで降板することになる。そして、このことがその後にも影響を及ぼしていくことになった。

またまた「投げない怪物」などと言われてしまうことになるのだが、それでもその日の内容は12球を投げて三振2つを奪って無安打無失点に抑えている。やはり、怪物としての実力は示している。

広島の苑田聡彦スカウト統括部長は、「気になる選手は、プレーだけではなく、野球じゃないところも観察しますよ。そこで見えてくるものがあるから」ということを常々言っている。その苑田スカウト部長は面白い見方をしていた。

「球の速さはもちろんだけれど、走り方、投げ方、バスから降りる姿まで、すべてにバランスが良くて格好が良い」

トータルとして、佐々木の素材力が高いということを評価している。見た目の格好がいいということも大事な要素なのだ。

国内の練習では、奥川は夏の甲子園での疲れも考慮してノースロー調整を続けていくことになっていた。

最終日には、血マメで壮行試合を1イニングで降りた佐々木と一緒にランニングを行っていたということも伝えられた。そんなところにも、お互いが意識し合っているということは窺える。

U―18侍ジャパンは韓国へ出発していくことになるだが、折しも日韓関係がいささか悪化している時節でもあった。

日本代表を送り出す日本高校野球連盟は、万が一何かがあったらいけないということで、万全を期する意味で選手の移動の際の服装に関しては、「JAPANの文字と日の丸はつけないで無地のポロシャツを着用」ということにした。もっとも、そのことに関してもネットなどを含めて物議を醸し出すことになる。今の時代ならではの現象とも言えるのだが、こうして、今回のU―18侍ジャパンは、その船出からやや暗雲が差していたのかもしれない。

そして、今思えば、それが決勝トーナメント進出にも届かない、5位という結果に至ってしまったとも言えなくはないような気がする。

結果を出した奥川、まさかの佐々木

30日の開幕に備えて、前日に韓国入りしたU—18侍ジャパン。飛行機の到着も40分ほど予定より遅れてということになった。隣国の韓国とはいえ、高校球児たちはあまり海外という環境には慣れていない。加えて、日韓関係があまり芳しくないという国際状況である。何かと気疲れすることも多かったようだ。

日本の初戦の相手はスペインだった。認識としては、それほど苦しまずに勝てるだろうと思われていたのだが、相手投手の切れとテンポのよさに、7回まで2安打しか放てず大苦戦。ただ、この大会のルールで球数規定によって投手交代となり、代わった投手を攻略して4対2と何とか初戦をものにした。

この試合では奥川も佐々木も登板機会はなかった。日本の投手は池田陽有（智辯和歌山）、前佑囲斗（津田学園）、飯塚脩人（習志野）とつないでいった。投手陣そのものは、やはり日本勢の質は高いという印象も与えていた。そんな中で、奥川と佐々木はいつ投げるのか、特に佐々木に関しては国際舞台でどんなデビューをするのか、楽しみにして待っているファンも多かった。

スペイン戦を初戦として、一次リーグは連日続いたが成績は、以下のようになっている。

8月30日　○4―2　スペイン
8月31日　○19―0　南アフリカ　（6回コールドゲーム）
9月1日　○16―7　アメリカ合衆国
9月2日　●1―3　台湾　（降雨5回コールドゲーム）
9月3日　○5―1　パナマ　（降雨6回コールドゲーム）

折からの台風接近の影響もあって、天候にも恵まれず2試合が降雨コールドゲームとなってしまっている。日本は4戦目の台湾にはリードを奪われたまま、降雨コールドゲームで敗れた。とはいえ、優勝候補の筆頭と目されていたアメリカに対しては16対7と大勝している。日本は、B組4勝1敗で順当に二次リーグ（スーパーリーグ）への進出を決めた。1敗こそ喫したものの、今後へ大いに期待を持たせてくれた内容とも言えた。

ここで、ちょっと複雑なU―18ワールドカップの大会方式を説明しておこう。

一次リーグはA組とB組に分かれた各6チームがそれぞれ総当たりで戦い、各組上位

３チームが二次リーグに進出する。二次リーグでは同組だったチームとの対戦のみは持ち越して別の組の３チームと対戦。こうして、通算成績で上位２チームが決勝に進む。勝敗数で並んだ場合には当該チーム同士の①勝敗②得失点率③自責点率④チーム打率⑤コイントス　という順で順位を決めていくということになっていた。

ここまで佐々木も、奥川も登板機会はなかった。アメリカ戦では先発した林優樹（近江）はじめ、西純也（創志学園）、前、飯塚、宮城大弥（興南）と５人の投手が登板したものの奥川も、佐々木もマウンドには登らなかった。奥川に関しては、甲子園での疲れを考慮してということであり、佐々木に関しては先の壮行試合で発覚した血マメの回復具合を見てということだったのであろう。

こうして迎えた二次リーグ（スーパーラウンド）。初戦の相手はカナダだった。

◎２０１９年９月５日（韓国・釜山広域市機張）

カナダ　０００　１００　０００＝１
日　本　０００　０２０　３０Ｘ＝５

この試合で奥川は満を持して先発した。４回に、出会い頭的に先制本塁打を浴びるものの、すぐに日本が反撃して、試合は日本が5対1で快勝。奥川は7イニングを投げてこの大会では抑えのエースとなっている飯塚にマウンドを譲った。奥川は、毎回2つ以上の三振を奪う素晴らしい内容で18三振。甲子園の決勝戦以来の試合マウンドということになったのだが、鮮烈な世界デビューを果たしたと言っていい。まさに、自分が投げる試合にぴったりと照準を合わせてきたという調整ぶりだった。

もちろん、バックネット裏に陣取っていたプロ野球スカウトからの評価は、ますます上がっていくこととなった。

「国際大会でベストパフォーマンスが出来ることがすごいこと。即戦力と言っていいのではないか」

巨人の長谷川国利スカウト部長は絶賛している。

この奥川の快投に間違いなく、佐々木も刺激を受けているだろうと期待された。メディアも、「佐々木、奥川に続け」と大いに煽った。

奥川は、次の試合で先発することになるであろう佐々木に対して、「審判は日本と同じで結構、外を取ってくる」というようなことも伝えていた。こうして、前日のベンチ内でもしっかりと準備をしていた。

そんな期待を背負っての二次リーグ2戦目の相手は韓国だった。

◎2019年9月6日（韓国・釜山広域市機張）

日　本　000　000　200　2＝4

韓　国　000　000　020　3X＝5　（延長10回　タイブレーク）

いよいよ注目の佐々木朗希の国際デビューとなった試合。まさに、日本中の高校野球ファンの期待を背負っての先発ということになった。しかし、思わぬアクシデントで、佐々木は1イニング19球を投げたのみで降板ということになってしまった。先の壮行試合での血マメが再び悪化して、本来の自分の球を投げられない状態になってしまい、大事をとってマウンドを降りたのだった。

そんな佐々木の投球は、先頭打者は遊撃ゴロに打ち取ったが、二番に対して四球。これで、異変を感じてくるが、三番にはボールが先行しながらも左飛で二死とする。ここで、日本代表永田裕治監督は、一度マウンドへ行っている。

「（初回のマウンドには）こっちから行きました。ボールに血がついていたと（捕手の）水上が言ってきた。『あと1人投げさせてくれ』と言うので、投げさせました」

バッテリーと確認したのだが、とりあえずあと一人ということで続投した。そして一発のある四番に対しては、最後149キロのストレートで空振り三振。しかし、2回以降は、この大会ではフル回転している西にマウンドを譲る形になった。佐々木のU―18日本代表としての国際試合での成績は投球回数1回、投球数19、与四球1、奪三振1という記録のみが残った。

試合は日本も韓国も投手陣が踏ん張り、0対0が続いていく接戦となった。7回に日本が熊田任洋（東邦）と水上桂（明石商）の連続タイムリーで2点をリード。逃げ切れるかと思われたが8回に追いつかれる。そして、この大会のルールで10回からのタイブレークとなる。

日本は武岡龍世（八戸学院光星）の二塁打で2点を奪ったものの、その裏、日本に守りのミスなどもあって韓国が3点を奪って逆転サヨナラ負け。

これで日本は二次リーグ通算が2勝2敗ということになり、最終戦を残してはいるものの、アメリカと台湾が3勝1敗で首位に並んでいるため、決勝進出となる2位以上が厳しくなるという結果になった。

翌日のオーストラリア戦にも1対4と敗れて日本は結果的に5位ということになった。

期待が高かった分、ファン関係者の間ではいくらか落胆は隠せなかった。

それでも、国際舞台の初登板で先発した佐々木に関しての評価は、落ちるものではなかった。春の段階から早々と1位指名を宣言していた日本ハム。大渕隆スカウト部長は、

「評価は変わらない。中身がどうであれ、国際舞台で投げたことは彼の将来のためになる」

と期待を寄せるコメントを発していた。

ここまでの評価そのものが非常に高いわけで、プロ側としてはむしろ、「無理はさせないでくれ」という思いの方が強かったのではないか。そういう意味では、投げないことに安堵していた部分もあったかもしれない。

もちろん、佐々木としては、十分に準備をして挑んだはずだったのに、満足な結果ではなかったという悔いはあったであろう。

「機会があれば、もう一度日の丸を背負って活躍して、世界一を狙いたい」

大会後にそんなコメントも残していたが、その思いこそU―18侍ジャパンのメンバーとして選出されながらも、完全燃焼しきれなかった佐々木の悔しさを表していたとも言えるものだった。

一つ前進した球数制限、センバツから実施されるが

佐々木朗希という稀有の逸材が現れたことによって、高校野球を中心とした中で、投球数ということに関する関心はますます高くなってきている。そして、日本高校野球連盟も、そんな空気を敏感に感じて対策に乗り出した。

日本高野連は9月20日に、大阪市内で第3回「投手の障害予防に関する有識者会議」を開いている。そこで、翌年の春のセンバツ大会から導入を予定する投手の球数制限について、一つの目安を定めた。

「1投手につき1週間で500球まで」

3年間は試行期間と位置づけ、強制力はもたないということだ。そして、データを検証していく中で将来的にはルール化していくという運びになっている。

会議メンバーに入っている新潟県高野連の富樫信浩会長はこうコメントしている。

「率直にありがたい。制限をかけることがいいというより、さまざまな議論が進む可能性が出てくる。これから各県や各地区が日程緩和などを検討するでしょう。これまでは

そういう意識を持ってもらうことすらなかったので。学生野球憲章に『生徒を守る』とあるのに、それをやってこなかった」

球数制限の議論に関しては前年12月に、新潟県高校野球連盟が1試合100球案を提唱したことに端を発している。それを受けて、日本高野連は春季大会での導入はストップをかけたものの、全国統一ルールを決め必要性を感じていた。そして、『高校野球の経済学』などの著書のある慶應義塾大学商学部の中島隆信教授を座長として、有識者会議を発足させて、検討を重ねていた。その一つの結論でもあったのだが、この議論はまだまだ詰めていかなくてはならない要素も多くありそうだ。

とはいえ、こうして球数制限に関する議論も一つ前へ進んだということが言えよう。また、選手の安全対策という点からすれば、もう一つ見直しが提言されていた金属バットの性能に関しても、「反発力を低くすることで打球速度を抑える」という方向性が出てきた。1974（昭和49）年に金属バットは解禁されているが、以降45年。各メーカーは、反発力の向上と軽量化ということに取り組んできていた。その結果として、本塁打の量産や、強すぎる打球が投手を直撃する危険性なども、問題視されてきた。こうして、安全基準の見直しに着手していくこともまた、高校野球の発展とさらなる普及へ向けても、大事なことと言えるのではないだろうか。

そういう意味では、7月に起きた「佐々木騒動」も含めて、さまざまな要素が、「高校野球の投手の球数」と「高校野球の過密日程」という、課題に関して見直していく機会になったことも確かだ。

「育成」か「勝利」か、「教育」かで悩む高校野球の指導現場

日本高野連が開催している「投手の障害予防に関する有識者会議」の構成メンバーの一人で、スポーツ科学の研究者として投手の動作解析の研究などの第一人者でもある筑波大の川村卓監督も、球数制限に関しては各方面から意見を求められている。

「基本的には（投球数制限に）賛成だが、それだけで故障を防げるものではない。子どもたちを大切に育てていかなければ、野球界の将来は危ない」

という前提で、球数制限ということにのみ特化するのではないという考え方だ。多くの動作がある野球というスポーツの中で、「どういう身体の使い方をしていくのがいいのか、そのことが身体にどんな影響を及ぼしていくか」ということも考えながらの意見

である。

そして、「何球投げたら投手は壊れるのか、どのくらい投げたら危険なのか、ということは正直わからない」とも言う。金足農の吉田輝星投手の時にも話題となった、投げ過ぎと言われているオーバーユースが議論を呼ぶきっかけにもなっている。オーバーユースそのものは、球数制限である程度は防ぐことは出来るであろう。そして、球数制限問題に関してはやはり指導者の意識改革も必要だという。つまり、「いかに複数の投手を育成していくのか」ということも大事な要素となるのだ。

大学野球部を指導していくという現場を預かる立場としては、「故障しないで大学野球まで来ている投手の方が少ない。大学生になって肘や肩を壊すというケースは全体の5パーセントくらい。ほとんどは、高校というよりもそれ以前の小中学校の段階で壊している。それが、高校大学で悪化するというケースがほとんど」という意見だ。

つまり、高校以降は力がついて球が速くなってくると、そのことでかつて故障の温床になっていた部分が悪化するということが多いというのだ。それは、身体そのものがまだ出来ていない段階でもあるからで、球速を上げていくための身体づくりということも考えなくてはいけない。

そして、今回の大船渡の佐々木朗希投手の決勝戦登板回避を含めて、球数問題そのものについて尋ねてみた。

「(登板回避については、国保監督は教え子でもあるし)迂闊なことは言えませんし、よかったかどうかはわかりません。だけど、そのことで指導者が投手のケアについてさらに考えるきっかけになったということでは、凄く大きなことだと思います」

そう前置きをしたうえで、こうも述べていた。

「甲子園に出るチームよりも、地方大会が問題だと考えています。甲子園に出るような強豪は投手の人数も多いし、すでに故障を防ぐために対策を打っている監督が多いからです。ただ、公立校などさほど強くないチームだと、身体に痛みを感じても投げざるを得なくなる。たとえおかしな投げ方でも、大黒柱ともなればなかなか代えられません。そんな選手を守る必要があります」

実際、川村監督は大学のチームでも投手に関してはかなり出身校は意識するという。「この投手は、高校時代にどういう立場で投げてきたのか」ということは、その後のその選手の大学内での投手としての起用法にも影響していくからである。そうしたうえで投げ方を指導し使い方を考えていくようにしているという。

大船渡の國保監督は筑波大出身で、川村卓監督の教え子でもある。そんな國保監督だから、佐々木に身体の負担が小さいフォームや強度を追求するよう導いている。また、身体をチェックするための判断材料も多数用意していた。チームとしては、複数の投手も育成も目指してきていた。事実、そのことで岩手大会を決勝まで戦ってきた。

そして、多くの高校野球の指導者たちは「勝利と育成のジレンマ」で悩んでいるというのも現実だ。

現場としては、好素材の新入生が入ってこれば、やはり、どれぐらいの力があるのかと、試してみたくなるものである。そして、投手であれば、練習試合などで投げさせて、好投すれば当然のことながら戦力として考えていきたくなる。

しかし、一方では「あの子は1年生で入ってきた頃が一番よかった」などということも言われることもある。単純に、オーバーユースによる疲労もあるかもしれない。あるいは、ビギナーズラックもあって、無我夢中でやっているうちはよかったけれども、伸び悩みや、一つの躓《つまず》きなどにより考え過ぎて、悩んでいくということもあるだろう。

しかし、いずれにしても、期待のスーパー1年生が開花しきれなかったら、「選手を育てられない」ということになってしまう。また、チームを勝たせられなかった場合に、

「こんなにいい選手がいるのに勝てないのは采配が悪いからではないか」という指摘もされてしまう。そうなると、好素材を輩出したとしても「勝てない」ということでまたまた悩まされる。

こうして、高校野球の監督は勝利と育成の間で悩み続けるのだ。さらには、そこに教育という要素も加わってくる。どんなに素材がよくて、力を示してくれて丈夫であったとしても、素行があまりよろしくない選手は使いたくはないというのも、教育者の本音としてあるだろう。

加えて、高校野球の現状としては、地方大会の過密日程ということもある。このことも、今後に向けて検討すべき課題だろう。各チームの良識と裁量に委ねるには難しい面があるからこそ、球数制限とともに議論がなされていくこととなっていくであろう。

それでも、現状は与えられた枠組みの中で選手の将来性を見守りつつ、勝利を目指していかなくてはいけないのだ。

ただ、球数が少なければそれで故障が防げるのかというと、そういうものでもないだろう。いくら球数が少なかったとしても、肩や肘に負担のかかる投げ方で投球フォームが悪かったり、変に力が入っていたりということがあれば、それはそれで故障の原因になりうる。今の時代、球数制限の議論が活発化し過ぎてきて、高校野球ファンも含めて投げ過ぎ過敏症みたいなところもある。

川村卓監督は、「パフォーマンスを上げるためのトレーニングや分析をずっとやってきまして、5キロ～10キロ球速を上げるにはどうすればいいかがある程度わかってきて、学生にずっとやらせてきました。すると球速は上がるんですが、投手は痛みを感じてくるんです。つまり、投げられるだけの身体にまだなってなかったんですよね。そういう事例も過去には指導して起こりました。そういうのも反省のうえで、しっかりと身体づくりやケアをしていかないと、球速を上げていくのは難しいと思います」とも述べている。

そのためには、さまざまな部分で「指導者の意識の変化」も大事な要素になってくるのだということである。

量より質を上げていく練習、これが今後の大きな課題だ

高校野球を語る場合、もう一つ考えなくてはいけないのは、すべての選手がプロ野球

を目指しているわけではないということだ。たまたま佐々木朗希と奥川恭伸という素材は、プロ野球界からも高く評価されている。だから、それだけ注目もされるし、プロ野球をベースとしているスポーツ新聞などのメディアも、そういった「プロ注目選手」を絶えず追いかけて話題としているのだ。

けれどほとんどの高校球児はそうではない。野球をやることで得られる何かを求めて取り組んでいる球児の方がはるかに多いのだ。野球を通して、学校の授業だけでは得られない何かを学んでいこうということ。好きな野球に打ち込んでいくことで、自分自身が成長していきたい。そんな思いで野球に取り組んでいる高校生がほとんどではないだろうか。

それに、これはまた少し別の観点にもなるのだが、どんなスポーツであれ、頂上を目指して極めていこうとすれば、その一方で故障のリスクは背負うものである。それは、箱根を走りたくて自分に負荷をかけて、箱根駅伝で燃え尽きていったという大学の超距離選手も多くいることでもわかるであろう。

もちろん、将来を嘱望されるマラソンランナーが、そのことでその才能の芽を潰していくことがあるのかもしれない。

それは残念なことではある。

しかし、「燃え尽きていきたい」と自分が好きなスポーツに、その時間のすべてのエネルギーを注いでいく生き方というのもまたありなのだ。

もっとも、今の時代は医師やトレーナーも、以前とは比べ物にならないくらいに専門性が高くなってきている。

そして、指導者の人たちも研究し勉強してきている。誰もが、故障などは極力避けたいし、今よりももっといい形の高校野球を求めていることだけは確かなのだ。そのための練習方法、トレーニング方法なども、日進月歩で工夫されている。

本当に、日本全国でいろいろな指導者たちが試行錯誤しながら、より良い練習方法を見つけ出そうとしている。そのことだけは確かなのである。

さまざまな議論はあろうが、現場は常に動いている。

誰も何も考えていないのではなくて、考えようとしているし、そのために工夫をしており、模索しているのが現実だ。

それぞれが、段階を踏んで形が変化していくのもまた現実であろう。

そうしたことも、今の時代は常に頭に入れておかなくてはなるまい。

二人に求められるもっと上への〝突破力〟

そうしたうえで、いくつかの高校野球の現場を見てきた中で、投手の育成ということで、一つ、これはなかなか理にかなっているなと感じたものがあったのでここで紹介しておきたい。

この夏も甲子園出場を果たした茨城県の霞ヶ浦高校である。ここには「関東で一番と言ってもいい」と誇る室内練習場がある。そこに30mのフラットなブルペンが設けられていた。

これはどのように使うのかと高橋祐二監督に尋ねてみた。

「投手に関しては基本的には、週末の試合へ向けて自分で調整していくという方針です。このブルペンは週に2回、それぞれの投手が70球を目途にスーッとボールが行くように投げ込んでいくためのものです。この30mをスーッと糸を引くように投げられるようにするには、7割くらいの力で一番投げやすいフォームで投げていかなくてはいけません。そのことで、自分の理想のフォームが固まっていきます。70球のうち、カーブも20球、

さあ、未来へ。
その先に、
どんな景色が
二人を待って
いるのだろうか。

あとはストレートですが、同じように投げていけるようにします。オフの間は週3回ということもありますが、基本的には週2回です」

30mというのは、通常のバッテリー間の約1・7倍である。だから、本番のしかも傾斜のあるマウンドからだと、極めて投げやすくなるという理屈だ。近年、プロ候補の投手を毎年のように輩出している霞ケ浦。その要素の一つになっていることは間違いないという気がした。

そういえば、奥川の星稜も、26mという通常より長いブルペンがあり、調整に使っているという話を聞いたこともある。投げ込みの量ではなく、投げ方の質を上げていくという点で、通常より長いロングブルペンは、一つのヒントになるように気がしている。

これは何も、投手ということだけではない。今、「働き方改革」を求められている日本社会において、高校野球の練習も、明らかに量より質が求められるようになってきている。

今回の「佐々木騒動」を機に、その「質」とは何なのかということも、もう一度見つめ直して、その本質を探り当てたいものである。

いずれにしても、101回大会を経て、高校野球に対しての新たな考え方、捉え方が出てきたことだけは確かである。当事者も、我々ファンも、そんな中で模索しながらもより良い高校野球の形を求めて応援していきたいものである。

今後の中で、令和最初のドラフト最大の目玉だった、奥川と佐々木が大成していくことで、この年に議論されたことが野球界にとって、いい方向へ進んでいたのだという確認にもなっていく。

二人には、チームだけではなく、そんな球界を突破力を持って背負っていってもらいたい。

おわりに

日本の人気スポーツとして、王道を歩み続けてきた野球。ところが昨今はその人気が揺らいでいるとも言われている。少子化もさることながら、サッカーやラグビーなどワールドカップというインターナショナルステージがあるスポーツの台頭があって人気が分散してきているからだ。

とはいえ、過去にも何度か野球人気は危ういのではないかと言われてきたことがあった。しかし、そのたびに高校野球からスーパーヒーローが現れて、その選手がプロ野球に進んで活躍することで、新たな野球ファンを開拓してきたという歴史がある。

古くは、1968（昭和43）年にメキシコ五輪で日本サッカーが銅メダルを獲得した時だった。ところがその翌年、三沢高校に太田幸司が登場して準優勝。多くのファンの心を引きつけたどころか、かつてないほどの女性ファンも広がった。

さらには1972（昭和47）年に男子バレーボールがミュンヘン五輪で金メダルを獲得して人気絶頂になった折には作新学院の江川拓が登場した。追うようにして東海大相模の原辰徳も現れた。さらに、時代が平成となって、サッカーにプロのJリークが誕生してサッカー人気が再燃しかかった際には、星稜に松井秀喜が登場。巨人入りして活躍してその人気を再燃させた。愛工大名電からオリックス入りした鈴木一朗（その後イチローとして活躍）が驚異的な活躍をして、やがてメジャーリーグに挑戦し新たな境地を開いた。

世紀末と共に折からの不景気で日本中のボルテージが低迷し野球どころではないという雰囲気になりかかった時に、〝平成の怪物〟横浜高校の松坂大輔が登場して春夏連覇を達成。多くの野球ファンの思いを再燃させた。

その後、サッカーのワールドカップ開催で再びサッカーに人気が盛り上がり、王座が揺らぎかかった頃に、東北高校にダルビッシュ有が登場。追うようにして、駒大苫小牧に田中将大が現れて野球の醍醐味を伝えてくれた。そんな彼らが日本のプロ野球を経てメジャーに進出して、日本の野球の力を示している。

そして、令和となった2019年。ラグビーワールドカップで湧く日本列島。しかし、そんな中でも令和時代にも高校野球からニューヒーロー奥川恭伸と〝令和の怪物〟佐々木朗希が出現した。

この二人が新たな進路へ向かったことで、改めて野球への注目度を集めてくれそうだ。そんな期待も担って、大きく羽ばたいていってほしいと願ってやまない。

令和最初のドラフト後に

手束　仁

手束　仁《てづか　じん》

愛知県知多市出身。半田高を経て國學院大81年卒。大映映像事業部など映像会社で、映画・ビデオなどの販売促進、営業等を経て、編集プロダクションに10年勤務後独立。99年に『熱中！甲子園』（双葉社）を刊行しヒット。同年に『都立城東高校甲子園出場物語〜夢の実現』（三修社・刊）で本格的にスポーツ作家としてデビュー。今日の高校野球ピンポイント誌の先駆けとなる。99年12月に、『アンチ巨人！快楽読本』（双葉社）を企画編集・執筆。その後、『ふたりの勇気〜東京六大学野球女子投手誕生物語』、『高校野球47の楽しみ方〜野球地図と県民性』（三修社）、『甲子園出場を目指すならコノ高校』（駿台曜曜社）、『野球県民性』（祥伝社新書）、『プロ野球にとって正義とは何か』、『プロ野球「黄金世代」読本』、『プロ野球「悪党」読本』（いずれもイースト・プレス）、『高校野球のマネー事情』、『スポーツ（芸能文化）名言』シリーズ（日刊スポーツ出版社）、『球国愛知のプライド〜高校野球ストーリー』（ベースボール・マガジン社）などがある。２０１２年に電子メディア展開も含めた、メディアミックスの会社として株式会社ジャスト・プランニングを設立。２０１５年には高校野球史を追いかけながら、大会歌の誕生の背景を負った『ああ栄冠は君に輝く〜大会歌誕生秘話・加賀大介物語』（双葉社）を刊行し18年には映画化された（現在ＤＶＤも発売）。スポーツをフィルターとして、指導者の思いや学校のあり方など奥底にあるものを追求するという姿勢を原点としている。國學院大學で「現代スポーツ論」、立正大で「スポーツ法」、専修大学で「スポーツジャーナリズム論」などの特別講師を。

写真提供——産経新聞社
イラスト——久保木侑里

GET DREAM
佐々木朗希×奥川恭伸

二〇一九年十一月二十二日　第一刷発行

著者――手束 仁
編集人・発行人――阿蘇品 蔵
発行所――株式会社青志社
〒一〇七―〇〇五二　東京都港区赤坂六―二―十四　レオ赤坂ビル四階
（編集・営業）
TEL：〇三―五五七四―八五一一　FAX：〇三―五五七四―八五一二
http://www.seishisha.co.jp/

本文組版――株式会社キャップス
印刷・製本――株式会社太洋社

ISBN 978-4-86590-093-4　C0095